Die frommen Geisterfahrer

Die erste ehrliche Corona-Bilanz

Christoph Leinweber

Die frommen Geisterfahrer

Die erste ehrliche Corona-Bilanz

Bibliografische Information der Deutschen Nationalbibliothek:

Die Deutsche Nationalbibliothek verzeichnet diese Publikation in der Deutschen Nationalbibliografie; detaillierte bibliografische Daten sind im Internet über http://dnb.dnb.de abrufbar.

© 2023   Christoph Leinweber
Lektorat / Korrektorat: cle-Lektorat
Coverfoto: Pixabay
Herstellung und Verlag: BoD – Books on Demand, Norderstedt
ISBN: 9783758321085

Vorwort.. 7

01 Das Corona-Virus 14

02 Die falschen Schätzungen................................. 16

03 Der Betrug.. 20

04 Die Kollateralschäden 22

05 Die tödliche Impfung 30

06 Die Schutzmaßnahmen 41

07 Die Argumente der Querdenker 68

08 Christ und Corona... 84

09 Die Chronologie.. 88

10 Der ACCH 99

11 Staatsbürger oder Untertan 102

12 Die Aussagen der Leugner................................ 115

13 Die Zweite ACCH-Konferenz 1 135

14 Die Zweite ACCH-Konferenz 2 150

15 Die Christen in der AfD 187

16 Das Zwischenfazit 194

17 Die fehlende Intelligenz.................................... 197

18 Der Stolz.. 201

19 Die Werkgerechtigkeit 205

20 Die fehlende Empathie...................................... 207

21 Die Überheblichkeit... 211

22 Die Verblendung 213

23 Schuster, bleib bei deinen Leisten 214

24 Das Fazit 219

Vorwort

Lieber Leser,

vor zwei Jahren habe ich unter anderem in meinem Buch *Fachkräftemangel im Christentum* eine Vorhersage getroffen.

Diese besagte, dass die Erkenntnisse, die wir aus der Corona-Pandemie gewonnen haben, auch unsere Haltung zu nachfolgenden Krisen nachhaltig beeinflussen werden.

Und zwar in erster Linie, was unsere Einstellung zu den Medien und zur Obrigkeit betrifft.

Dabei habe ich eine Sache vorausgeahnt und zwei andere nicht.

Geahnt habe ich, dass meine Warnung niemanden wirklich interessieren würde.

Sondern dass die Gemeinden so weitermachen wie bisher und die Probleme unter den Teppich des Friedens und der Einmütigkeit kehren würden, anstatt die dringend nötige Aufarbeitung durchzuführen.

Genauso ist es gekommen.

Unter anderem deshalb, weil sich christliche Gemeinden derzeit generell vielfach durch die fehlende Bereitschaft zur Veränderung sowie die Scheu vor Konflikten auszeichnen.

Nicht geahnt habe ich erstens, dass die nächste Krise schon kommen würde, während die erste noch läuft.

Was dann in Form des Ukraine-Kriegs geschah.

Wo sich besagte Vorhersage sofort bestätigt hat.

Denn hier wandten sich gleich wieder einige gegen die Verlautbarungen der Regierungen und der sogenannten *Mainstream-Medien*.

Sie ließen sich lieber bereitwillig von den einschlägig bekannten Desinformationskanälen einlullen, die wahlweise der Nato, dem Westen, den USA oder der Ukraine selbst die Schuld an dem Völkermord gaben, den die Russen angezettelt haben.

Was unter anderem auch von christlichen Kanzeln herab verkündet wurde.

Wie zum Beispiel am 13. März 2022 durch Jakob Tscharntke in der *Evangelischen Freikirche Riedlingen*.[1]

Die traurige Folge davon war Widerstand in Teilen der Bevölkerung gegen die größtmögliche Unterstützung der überfallenen Ukraine.

Und dieser Widerstand hat mit einiger Sicherheit seinen Teil zu der Zögerlichkeit beigetragen, mit der einige westliche Staaten, Deutschland zuvorderst, die Ukraine in der Folge, nun ja, *unterstützt* haben.

Was zu einem längeren Krieg als nötig und damit zusammenhängend zu mehr Opfern als nötig führte.

Wie in der Corona-Pandemie.

Das zweite, das ich seinerzeit nicht geahnt habe, war, dass die Weigerung der christlichen Gemeinde, eine saubere Aufarbeitung der Verfehlungen und Sünden der Pandemie durchzuführen, ihnen jetzt auf die Füße fällt.

Und zwar dahingehend, dass diejenigen, die sich in so erheblichem Maß an ihren Glaubensgeschwistern, ihren Nächsten und der Obrigkeit schuldig gemacht haben, nunmehr kurzerhand den Spieß umdrehen und ihrerseits allen Ernstes die Vernünftigen und Besonnenen unter Druck setzen.

Was ich damit konkret meine, werde ich im weiteren Verlauf entfalten.

Vorwegnehmen kann ich bereits die nächste Prognose.

Nämlich die, dass das aktuelle Vorgehen der Corona-Leugner und Widerständler derzeit auf fruchtbaren Boden fällt und deshalb die bereits vorhandenen Spaltungen in den Gemeinden noch spürbar verstärken wird.

Denn es trifft auf ein Klima der Ermüdung und der Verklärung, was das Corona-Virus anbelangt.

Man will am liebsten gar nicht mehr darüber reden und stattdessen zur Tagesordnung übergehen.

---

[1] Odysee: Jakob Tscharntke, Ukraine, 13.03.2022
https://odysee.com/@efkriedlingen:a/2022-03-13:2

Außerdem lässt man sich erneut in die Irre führen, indem man den lautstarken Behauptungen Glauben schenkt, wonach alles ja gar nicht so schlimm gewesen sei und die Regierung mit ihren Maßnahmen offenbar ein bisschen übertrieben habe.

Dass dies eine komplette Verdrehung der Tatsachen darstellt, werde ich in diesem Buch erläutern.

Davon, dass diese Erläuterung die erste *ehrliche* Bilanz der Corona-Pandemie sein wird, bin ich aus zwei Gründen überzeugt.

Erstens weil ich *weiß*, dass darin keine einzige Lüge, keine einzige bewusste Falschaussage und auch kein einziger rhetorischer Manipulationsversuch enthalten ist.

Warum ich diese drei Punkte extra betone, dazu kommen wir noch.

Zweitens, weil alles, was sich derzeit pathetisch *Aufarbeitung der Pandemie* nennt, zu einhundert Prozent aus den bereits bekannten Falschbehauptungen der Corona-Leugner und Impf-Schwurbler besteht.

Das ist auch gar kein Wunder, denn besagte angebliche Aufarbeitung wird eben bis dato ausschließlich von diesen dominiert.

Übrigens werde ich im weiteren Verlauf *Corona-Leugner* oder *–verharmloser*, *Impfskeptiker* und auch den berühmten *Maßnahmenkritiker* überwiegend nur noch *Leugner* nennen.

Das vereinfacht die Sache ein wenig.

Leider, auch das kann beziehungsweise muss ich vorwegnehmen, passt es auch dem Wortsinn nach ziemlich gut.

Wenn Du Dir den deutschen Büchermarkt anschaust, wirst Du feststellen, dass Du dort kein einziges Buch findest, das die Wahrheit über die Gefährlichkeit des Corona-Virus, die Notwendigkeit der Schutzmaßnahmen und die Schwierigkeiten für die Verantwortlichen einigermaßen objektiv beschreibt.

Zumindest ich habe noch keins gesehen.

In Schweden ist das anders.

Dort findet derzeit auch Aufarbeitung statt – und zwar genau andersherum als hierzulande.[2] [3]

Dort wird gerade mit dem berühmten *schwedischen Sonderweg* abgerechnet.

Dem Weg, eine Herdenimmunität anzustreben und dabei den anfänglichen Tod vieler Menschen in Kauf zu nehmen.

Auch wenn man das mit der Herdenimmunität lange Zeit kategorisch abgestritten hat.

Ist das nicht interessant?

Und wäre es da nicht gut zu wissen, welches Lager tatsächlich recht hat?

Oder ob die Wahrheit vielleicht in der Mitte liegt?

Als Vorwegnahme der finalen Antwort zitiere ich *Dirk Steffens*, den ehemaligen Moderator von *Terra X*, der das Ganze in derben Worten, aber absolut treffend auf den Punkt bringt:

"Die Wahrheit liegt verdammt nochmal niemals in der Mitte!"[4]

Damit hat er zweifellos recht, denn die Wahrheit ist niemals die Ergänzung der Unwahrheit, sondern das genaue Gegenteil, der Gegenpol.

Es sei denn, man heißt *Donald Trump*.

Oder man gehört beispielsweise zu einem Kreis bestimmter christlicher Corona-Leugner.

Für den Fall, dass Du jetzt gerade empört zusammengezuckt bist, habe ich eine Bitte:

Warte noch ein wenig ab, bis ich Dir die Belege für meine Aussage präsentiere.

---

[2] Amazon: Gina Gustavsson, Du stolta, du fria
https://www.amazon.de/Du-stolta-fria-Gina-Gustavs-son/dp/9189015711/ref=sr_1_1?__mk_de_DE=%C3%85M%C3%85%C5%BD%C3%95%C3%91&crid=228T0OFM6SKBR&keywords=du+stolta+du+fria&qid=1699016369&sprefix=du+stolta+du+fria%2Caps%2C94&sr=8-1
[3] Lena Einhorn: Among Hobby Epidemiologists and Expert Authorities. A Look at the Swedish Pandemic
https://lenaeinhorn.se/english/books/among-hobby-epidemiologists-and-expert-authorities-a-look-at-the-swedish-pandemic-bland-hobbyepidemiologer-och-expertmyndigheter-2022/
[4] Focus: Dirk Steffens, Die Wahrheit liegt verdammt nochmal niemals in der Mitte
https://www.focus.de/kultur/kino_tv/terra-x-moderator-dirk-steffens-die-wahrheit-liegt-nie-in-der-mitte-verdammt_id_12544883.html

Denn wenn Du wie ich der Meinung bist, dass Christen der Wahrheit verpflichtet sind und Lüge ebenso wie rhetorische Manipulation und Verleumdung Sünde ist, wirst Du genauso entsetzt sein wie ich.

Oder vielleicht auch beschämt, wenn Du erkennst, wem Du in den letzten Jahren Beifall geklatscht hast.

All das, was ich bis hierhin geschrieben habe, unterliegt übrigens einer möglichen Einschränkung.

Verblendung.

Also der Frage, ob die Menschen, die ich in diesem Buch kritisiere, bewusst die Unwahrheit sagen.

Oder ob sie von dem, was sie von sich geben, tatsächlich überzeugt sind.

Und daran anschließend wäre dann wohl zu klären, ob sie, falls tatsächlich Verblendung, also unbewusste Irreführung durch den Teufel, vorliegt, sozusagen schuldfähig sind im Sinne von Sünde.

Das könnte sogar eine ganz entscheidende Frage werden.

Die selbstverständlich genauso auch für mich gelten könnte.

Dazu später in aller Ausführlichkeit mehr.

Da ich weiß, dass wir alle Corona-müde sind, werde ich dieses Thema so kurz wie möglich halten.

Einiges an Zahlen, Fakten und Schlussfolgerungen muss ich Dir allerdings schon zumuten.

Das liegt in erster Linie an *Brandolinis Gesetz*.[5]

Auch *Bullshit-Asymmetrie-Prinzip* genannt.

Dieses besagt, dass das *"Widerlegen von Schwachsinn eine Größenordnung mehr Energie erfordert als dessen Produktion."*

Der Begriff *Schwachsinn* stammt übrigens in diesem Fall nicht von mir.

Und eine Größenordnung ist so etwas wie eine Kommastelle.

Also braucht es zehnmal so viel Aufwand, um ein schwachsinniges Argument zu widerlegen.

---

[5] Wikipedia: Brandolinis Gesetz
https://de.wikipedia.org/wiki/Brandolinis_Gesetz

Und dass es diese zum Thema Corona zuhauf gibt, davon kannst Du Dich überzeugen, indem Du Dir in einer stillen Stunde mal den entsprechenden Wikipedia-Artikel zu den *Falschinformationen zu Covid-19* durchliest.[6]

Oder vielleicht in *mehreren* stillen Stunden.

Nicht umsonst hat *Cristina Tardáguila*, Ko-Leiterin des *IFCN*, des *International Fact-Checking Network*, gesagt, COVID-19 sei *„die größte Herausforderung, mit der Faktenchecks jemals konfrontiert waren"*.

Es lohnt sich aus drei Gründen, besagten Artikel aufmerksam durchzulesen.

Erstens findet man darin einen Satz, der alles sagt, was man über die Corona-Pandemie und das Verhalten von Menschen dazu wissen muss.

Den zitiere ich später.

Zweitens wirst Du feststellen, dass die Streitpunkte, um die es unter anderem in diesem Buch geht, keine Frage zweier gleichberechtigter Meinungen sind.

Sondern eine Angelegenheit von Fakten gegen, eben, Schwachsinn.

Und drittens wirst Du vermutlich erkennen, dass auch Du wohl nicht ausreichend informiert warst, um Dir ein möglichst objektives Bild der letzten knapp vier Jahre zu machen.

Oder denkst Du, Du warst es doch?

Dann kannst Du mir bestimmt sagen, was es mit dem *Hanns-Lilje-Heim* in Wolfsburg auf sich hat.

Und zwar, ohne zu googeln oder meine vorherigen Stellungnahmen zu kennen.

Du kanntest es nicht, stimmt's?

Falls doch, dann wusstest Du mit einiger Sicherheit nicht, welche entscheidende Rolle das Hanns-Lilje-Heim in der Corona-Pandemie spielt.

Auflösung kommt später.

---

[6] Wikipedia: Falschinformationen zur Covid-19-Pandemie
https://de.wikipedia.org/wiki/Falschinformationen_zur_COVID-19-Pandemie

Noch ein weiterer Aspekt, wenn es darum geht, sich ein umfassendes und möglichst objektives Bild zu machen:

Es hilft oftmals, einen Schritt zurück und eine Denkebene weiter zu gehen, um einen besseren Überblick zu erhalten.

Beispiel dazu:

Dr. Wolfgang Nestvogel, Pastor der *BEG*, der *Bekennenden Evangelischen Gemeinde Hannover*, beklagte sich, dass es im September 2020 erst gut neuntausend Corona-Tote gab, was der Zahl der normalen Sterbefälle in Deutschland von vier Tagen entspricht.

Es sei also überhaupt nicht verhältnismäßig, was alles gegen Corona aufgefahren werde.

Das Argument klingt ja zunächst einmal nachvollziehbar, nicht wahr?

Warum es jedoch alles andere ist als das, werde ich später erklären.

Und Du wirst Dich dann womöglich fragen, warum Du nicht selbst draufgekommen bist.

Ich werde zunächst die wichtigsten vorliegenden Fakten zur Pandemie nennen und mit den Behauptungen der Leugner abgleichen.

Dann wird es um das Verhalten mancher Christen während und zu dieser Pandemie gehen.

Und am Schluss um den Umgang der eigentlich Vernünftigen und Besonnenen mit diesen.

Denn der war grundfalsch.

Was sich jetzt gerade zu rächen beginnt.

Also fangen wir an.

01 Das Corona-Virus

Im Mai 2023 hat die WHO den sogenannten Corona-Notstand aufgehoben.[7]

Dabei hat sie mehr als zwanzig Millionen Todesopfer durch die Pandemie bilanziert.

Zwanzig Millionen entsprechen einem Drittel der Toten des Zweiten Weltkriegs.

Und das trotz der krassesten Schutzmaßnahmen der Menschheitsgeschichte.

Und trotz einer Impfung, die ihrerseits Millionen Leben gerettet hat.

Gegen den Zweiten Weltkrieg gab es ja keine Impfung.

Sozusagen.

Das Ausmaß der Pandemie wird auch noch durch einen anderen Vergleich deutlich.

Vor Corona starben pro Jahr weltweit durchschnittlich etwa 50-60 Millionen Menschen.[8]

In drei Corona-Jahren wären das also zwischen 150 und 180 Millionen gewesen.

Somit machen die von der WHO ermittelten Sterbefälle der Pandemie eine Steigerung von mehr als elf Prozent aus.

Elf oder meinetwegen auch zehn Prozent – damit lässt sich leichter rechnen – sind relativ wenig, wenn es darum geht, dass in einem Autoreifen nur 1,8 statt 2,0 Bar sind.

Zehn Prozent sind relativ viel, wenn es um eine Gehaltserhöhung brutto geht.

Zehn Prozent sind richtig viel, wenn es um eine Gehaltserhöhung netto geht.

Und zehn Prozent sind gigantisch, wenn es um Menschenleben geht.

---

[7] ZDF: WHO nennt zwanzig Millionen Todesopfer durch Corona-Pandemie
https://www.zdf.de/nachrichten/politik/corona-who-gesundheit-notstand-aufgehoben-100.html
[8] Wikipedia: Weltweit sterben 50 – 60 Millionen Menschen jährlich
https://de.wikipedia.org/wiki/Todesursache

Wenn Du es allerdings mit dem Prozentrechnen nicht so hast, machen wir einfach mit der nackten Zahl weiter.

Zwanzig Millionen.

Nun müssen wir überlegen, ob diese Zahl erstens realistisch ist und wie viele von den berühmt-berüchtigten Kollateralschäden sie enthält.

Denn Letztere sind ausdrücklich inbegriffen.

Prüfen kann man das Ganze relativ leicht.

Nämlich, indem man die drei wichtigsten Unterstellungen der Leugner heranzieht und einen weiteren Punkt hinzufügt.

Und mit diesem letzten Punkt fangen wir auch an.

02 Die falschen Schätzungen

Das Argument:

"Die Schätzungen sind fehlerhaft, die haben sich alle fett nach oben verschätzt!"

Dass Schätzungen grundsätzlich fehlerbehaftet sind, ist klar.

Vor allem, wenn sie zu einem großen Teil auf der sogenannten *Übersterblichkeit* basieren.

Die Frage ist nur, ob man sich generell nur nach oben verschätzt, nur nach unten oder ob sich die Fehler gegenseitig nivellieren.

Die Übersterblichkeit ist die Zahl an Menschen, die mehr gestorben sind als erwartet.

Üblicherweise werden dazu die Todesfälle der letzten paar Jahre betrachtet.

Dann wird die demografische, also die Altersentwicklung der Gesellschaft eingeschätzt.

Außerdem werden besondere Ereignisse, die eine merkliche Zahl an Toten gefordert haben, berücksichtigt.

Aus all diesen Informationen wird eine erwartete Sterblichkeit geschätzt.

Und was da drüber liegt, ist dann die Übersterblichkeit.

In Deutschland wurde Anfang 2022 die Übersterblichkeit für die beiden Vorjahre auf 195.000 geschätzt.[9]

Dieser Wert wurde dann Ende 2022 auf 122.000 reduziert.

Das bedeutet im Umkehrschluss, die erwartete Sterblichkeit ist erhöht worden.

Man muss immer ein bisschen aufpassen, dass man an dieser Stelle nicht durcheinander gerät.

Dass die erwartete Sterblichkeit erhöht worden ist, liegt daran, dass der Anteil der über Achtzigjährigen im Land wächst und deshalb auch die Wahrscheinlichkeit ihres Todes steigt.

Das ist grundsätzlich logisch.

Allerdings:

---

[9] Gelbe Liste: WHO nennt Übersterblichkeit von 14,83 Millionen
https://www.gelbe-liste.de/nachrichten/corona-pandemie-uebersterblichkeit-neu-berechnet

Wenn man so alt werden will, darf man andererseits nicht vorher sterben.

Das ist auch ziemlich logisch, nicht wahr?

Wir haben hier also gegenläufige Entwicklungen, die sich grundsätzlich gegenseitig nivellieren.

In Schweden ist die Übersterblichkeit übrigens im selben Zeitraum *angehoben* worden.

Auch hier nivellieren sich also die Zahlen zwischen Deutschland und Schweden.

Allerdings muss hier auch die unterschiedliche Bevölkerungszahl berücksichtigt werden.

In Deutschland leben etwa acht Mal so viele Menschen wie in Schweden.

Deshalb dürften die Ausschläge in Deutschland zahlenmäßig deutlich höher sein.

Man sieht also, das Ganze ist nicht einfach.

Vor allem, wenn man sich darüber im Klaren ist, dass die beschriebene Veränderung bei der Übersterblichkeit darauf basiert, dass zunächst jemand eine Zahl X annahm, anschließend ein anderer jedoch meinte, es müsse wohl eher Y sein.

Dann gibt es die Todesfälle, die auf anderen größeren Ereignissen beruhen, die aber nicht bekannt und registriert sind.

In einem WHO-Bericht werden zwei solcher Ereignisse genannt.

Nämlich *Hitzewellen* und *Dengue-Fieber*.

Allerdings ist das eher unsinnig, denn in diesem Fall *sind* die Todesursachen ja bekannt.

Da bleibt nur noch, sich anzuschauen, inwieweit hier die Sterbefälle sauber erfasst sind.

Das Dengue-Fieber in Peru hat in diesem Jahr bis Juni offiziell 121 Opfer gefordert.[10]

Die Hitze in Deutschland hat in diesem Jahr bis zur Woche 38 offiziell 3.200 Menschen das Leben gekostet.[11]

---

[10] Infostelle Peru: Dengue-Fieber
https://www.infostelle-peru.de/politik-und-demokratie/kurz-gemeldet-juni-2023/
[11] RKI: Hitzetote in Deutschland 2023
https://www.rki.de/DE/Content/GesundAZ/H/Hitzefolgekrankheiten/Bericht_Hitzemortalitaet.html

An den genannten Zahlen sieht man wohl ohne Zweifel, dass auch eine noch so hohe Dunkelziffer den Gesamtbefund nicht tangieren kann.

Am Beispiel Dengue-Fieber erkennt man außerdem, dass man nicht davon ausgehen kann, dass in vermeintlich unterentwickelten Ländern irgendwelche Ereignisse mit tausenden Toten unerkannt und unregistriert bleiben.

Außerdem darf man bei der Gesamtbetrachtung einen entscheidenden Aspekt nicht vergessen.

Nämlich dass die Zahl der *registrierten* Toten ja feststeht.

Es gibt nur wenige Länder auf dieser Welt, wo auch das mit großen Dunkelziffern behaftet ist.

Meine frühere Wahlheimat Indien wäre so eins.

Aber nicht viele mehr.

Das heißt zusammengefasst, dass man von der tatsächlichen Sterbezahl ausgeht.

Dann zieht man die Zahl der Toten durch bekannte Ereignisse ab.

Dann die aufgrund der Erfahrungen aus der Vergangenheit erwartete Sterblichkeit.

Unter Berücksichtigung der Alterungsentwicklung der Bevölkerung.

Dann schätzt man eine Dunkelziffer für Sterbefälle, die man nicht einordnen kann.

Dann die registrierten Corona-Opfer inklusive Kollateralschäden.

Und was dann übrigbleibt, wird Letzteren zugerechnet.

Und das alles wird durchaus von Menschen getan, die so etwas können.

Wenn Du daran zweifelst:

Stell Dir hypothetisch vor, in zwanzig Ländern dieser Erde würde sich jeweils um 50.000 Todesfälle nach oben verschätzt.

Das ergäbe dann eine Million, die man von den genannten zwanzig Millionen abziehen müsste.

Allein dieses Szenario ist schon extrem unrealistisch.

Denn so viele Sterbefälle könnten ja nur in Ländern mit hunderten Millionen Einwohnern durchschlüpfen, ohne aufzufallen.

Und noch unrealistischer wäre wohl, wenn noch mehr Länder sich um noch mehr Todesfälle verschätzten, damit es noch weiter in Richtung zwanzig Millionen geht.

Oder siehst Du das anders?

Ich denke, es sollte nun klar sein, dass es extrem unwahrscheinlich ist, dass sich die Länder dieser Welt bei ihren Sterbezahlen und der Ermittlung der Übersterblichkeit so drastisch nach oben vertan haben, dass dies einen merkbaren Effekt auf die von der WHO genannten Opferzahlen ergeben würde.

Falls Du doch der Meinung bist, das sei möglich, dann schlage ich vor, dass Du entweder Belege vorlegst – oder schweigst.

Denn ansonsten beleidigst Du die berufliche Kompetenz oder auch die Integrität tausender Menschen.

An dieser Stelle eine generelle Warnung:

Das achte Gebot in der Bibel sagt:

Du sollst nicht falsch Zeugnis reden.

Es wird meist nur herangezogen, wenn es um klares Lügen geht.

Meiner persönlichen Ansicht nach umfasst es aber noch einiges mehr.

Beispielsweise die ungeprüfte Weitergabe von Falschinformationen.

Oder die Manipulation insbesondere durch geschickte Rhetorik.

Und nicht zuletzt die Verleumdung, also das Beschuldigen einer anderen Person hinsichtlich eines Fehlverhaltens, ohne dieses belegen zu können.

Was meines Erachtens auch für den gerade besprochenen Fall zuträfe.

Kommen wir nun zum zweiten Punkt.

03 Der Betrug

Das Argument:

"Die Zahlen sind alle getürkt!"

Dies ist das Hauptargument der Leugner.

Denn auf den Vorwürfen, wir hätten keine Pandemie, sondern eine *Plandemie*, und all dem anderen damit verbundenen Unsinn basiert ja letztlich ihr Widerstand.

Also schauen wir uns mal an, wie das gehen könnte.

Es gibt, soweit ich das überblicken kann, zwei Möglichkeiten.

Entweder faken wenige Leute die Zahlen ganz erheblich.

Oder es faken viele Leute die Zahlen jeweils ein bisschen.

Erste Variante:

Da gibt es ein Back Office von *Klaus Schwab* und *Bill Gates*.

Klaus Schwab ist ja bekannt.

Er ist gemeinsam mit *Thierry Malleret* der Autor des bekannten Buches *The Great Reset – Der große Umbruch*.

Und hat angeblich Schreckliches mit der Menschheit vor.

So Schreckliches, dass von ihm noch die Rede sein wird.

Bill Gates ist auch bekannt.

Einst der reichste Mann der Welt.

Heute derjenige, der angeblich die ganze Welt impfen will.

Vielleicht, um *Elon Musk, Jeff Bezos* und *Bernard Arnault* als reichste Menschen wieder zu überholen.

Oder, wie es der geniale *Alex Kristan* vermutete, um die Menschheit wieder auf Werkseinstellungen zurückzusetzen.[12]

Wie bei Windows.

Im Hinterstübchen von Schwab und Gates sitzen also ein paar Statistiker, IT-Freaks und Excel-Spezialisten und faken seit fast vier Jahren die Zahlen.

---

[12] YouTube: Alex Kristan
https://youtu.be/MMlb6an9HX0

Vielleicht haben sie dazu Algorithmen geschrieben, die täglich automatisch die echten Zahlen um vorgegebene Parameter aufpumpen, damit das Bild schön verzerrt wird.

Jetzt sitzt aber in der *Demokratischen Republik Kongo* der Leiter der dortigen Bundesanstalt für Statistik und schaut sich die Zahlen der WHO an.

Und denkt:

Hoppla, das sind aber ganz andere Zahlen als die, die ich kenne.

Den Kongo habe ich übrigens ohne Hintergedanken genannt.

Ich hätte auch *Kenia*, die *Kapverden* oder *Kina* nehmen können.

Der Mann im Kongo ruft also seine Leute zusammen und erteilt den Auftrag, die Zahlen nochmals zu prüfen.

Irgendwann kommen diese zurück und sagen:

"Chef, es tut uns leid, aber unsere Zahlen stimmen. Die von der WHO sind falsch, die sind viel zu hoch."

Was wird der Leiter der Bundesanstalt für Statistik im Kongo jetzt tun?

Vielleicht ist er ein Gerechtigkeitsfanatiker.

Dann geht er vielleicht an die Öffentlichkeit.

Oder er ist bestechlich.

Dann ruft er bei Schwab und Gates an und gibt die Nummer seines Schweizer Kontos durch, damit sichergestellt werden kann, dass er die Klappe hält.

Bei Variante zwei ist es grundsätzlich genauso.

Hier sind nur noch mehr Leute involviert, was das Risiko eines Verrats und die Notwendigkeit von Bestechung nochmal erhöht.

Ich persönlich kenne bisher niemanden, der über die üblen Machenschaften der Herren Schwab und Gates ausgepackt hätte.

Du?

Ich denke, wenn man ein wenig intensiver darüber nachdenkt, wird klar, dass der Gedanke an die berühmte weltweite Verschwörung, bei der Abertausende mitmachen und alle dichthalten, schlicht abwegig ist.

Und auch hier gilt: Bring Belege oder schweig stille.

Damit zum nächsten Punkt.

04 Die Kollateralschäden

Das Argument:

"Die Schutzmaßnahmen haben hohe Kollateralschäden gefordert!"

Die Annahme ist grundsätzlich nachvollziehbar.

Es gab auf jeden Fall Kollateralschäden.

Da wären allerdings zwei Aspekte zu klären.

Erstens lautet das Argument der Leugner bekanntlich, die Kollateralschäden basierten ausschließlich auf *überzogenen* Schutzmaßnahmen wie den unnötigen Lockdowns.

Das ist der erste Denkfehler.

Denn nicht nur die heute, also im Nachhinein bekannte Zahl der Pandemie-Opfer spricht eine deutliche Sprache dahingehend, dass etwas gegen dieses Virus getan werden musste.

Das wusste man bereits am unmittelbaren Anfang der Pandemie.

Damit kommen wir zur Auflösung um das *Hanns-Lilje-Heim*.

Dort sind nämlich im Frühjahr 2020, im März und April, siebenundvierzig Menschen an oder mit dem Corona-Virus gestorben.[13]

In Worten: 47!

In einem einzigen Heim.

Dieses Ereignis ist aus mehreren Gründen von großer Bedeutung.

Du erinnerst Dich vielleicht an die Bilder aus *Bergamo*.

Dort wurden im Frühjahr 2020 die Särge mit Militärlastern in umliegende Krematorien gebracht, weil die Einrichtungen in der Stadt rettungslos überlastet waren.[14]

New York galt als *das* Epizentrum der Pandemie, so horrend war die Zahl der Infektionen und Toten.[15]

---

[13] News38: 47 Menschen im Hanns-Lilje-Heim gestorben
https://www.news38.de/wolfsburg/article231360972/wolfsburg-47-corona-tote-im-pflegeheim-jetzt-kommt-raus-wie-es-zu-der-katastrophe-kommen-konnte.html

[14] BR: Bergamo und Corona
https://www.br.de/nachrichten/kultur/der-militaerkonvoi-aus-bergamo-wie-eine-foto-legende-entsteht,TJZE6AQ

[15] Südwestpresse: New York und Corona
https://www.swp.de/panorama/USA-Corona-Amerika-New-York-City-Infizierte-Erkrankte-Tote-Kliniken-Trump-so-ist-die-Situation-Central-Park-Lazarettschiff-Tiger-infiziert-wie-viele-menschen-sterben-taeglich-in-new-york-45050514.html

Im *Iran* wurden hektisch Friedhöfe aufgestockt oder neu gebaut, um der Lage Herr zu werden.[16]

Ich vermute, von den Geschehnissen im Iran hörst Du jetzt auch zum ersten Mal, oder?

Tja.

Was mangelnde Informationen anbelangt, befindest Du Dich aber in bester Gesellschaft.

Kürzlich fand unter einem Focus-Artikel wieder eine dieser unsäglichen Corona-Diskussionen statt, in denen vor allem die Leugner ihr sorgfältig geprüftes Halbwissen präsentierten und sich wie üblich von Fakten in keiner Weise beeindrucken ließen.

Eine Teilnehmerin erklärte, mit den Bildern aus Bergamo sei damals nur Panik erzeugt worden.

Tatsache sei nämlich, dass die Krematorien der Stadt nur deshalb nicht ausgereicht hätten, weil dort sonst niemand verbrannt werde.

Bei Corona-Toten sei das aber obligatorisch geworden.

Nur deshalb sei es zu den bekannten Bildern gekommen.

Klingt gut, nicht wahr?

Interessant dabei ist vor allem immer die Überzeugungskraft, mit der solche Weisheiten vorgetragen werden.

Schaut man sich die Informationen aus Bergamo mal genauer an, stellt man allerdings etwas ganz anderes fest.

Dort sind nämlich in besagter erster Phase innerhalb von drei Wochen viertausendfünfhundert Menschen an oder mit Corona gestorben.

Das entspricht knapp vier Prozent der Einwohnerzahl der Stadt und 0,4 Prozent der Einwohnerzahl der Provinz.

In ganz Italien sterben durchschnittlich etwa 1,2 Prozent der Bevölkerung.

Im Jahr.

Wir reden hier also mindestens von Faktor sechs.

So kann' gehen.

Wie auch immer.

---

[16] Euronews: Iran und Corona
https://de.euronews.com/2021/04/22/zu-wenig-platz-fur-covid-tote-teheran-baut-vierstockige-graber

Diese Ereignisse waren weit genug entfernt, um uns nicht allzu sehr zu beunruhigen.

Dann jedoch geschah das im Hanns-Lilje-Heim.

Spätestens in diesem Moment konnte in Deutschland jeder wissen, was dieses Virus anrichten konnte, wenn man es ließ.

Übrigens liegt das Hanns-Lilje-Heim laut Google Maps exakt 89,7 Kilometer von der BEG Hannover entfernt.

Warum das interessant ist, dazu kommen wir noch.

In jedem Fall war also unmittelbar nach Beginn der Pandemie klar, dass man etwas gegen die Verbreitung dieses Virus tun musste, ansonsten wäre der Blutzoll absolut verheerend gewesen.

Damit ist dann auch klar, dass die erwähnten Kollateralschäden grundsätzlich nicht auf überzogenen, sondern auf *notwendigen* Maßnahmen basieren.

Ob man in dem einen oder anderen Fall anders hätte abwägen müssen, ist eine andere und durchaus berechtigte Frage.

Zu der kommen wir ebenfalls noch zurück.

Vor allem, wenn es um Schul- und Kita-Schließungen geht.

Vorher müssen wir allerdings noch überlegen, wie groß die Kollateralschäden denn nun sind.

Professor Henrik Ullrich, der Experte für die medizinischen Themen bei der sogenannten *Zweiten ACCH-Konferenz*, sagt dazu:

"Man hat bewusst Kollateralschäden in Kauf genommen, die jetzt immer mehr zum Vorschein kommen."

Und was kommt da wirklich zum Vorschein?

So gut wie gar nichts.

Ich kenne keine einzige belastbare Information, die einigermaßen präzise aufzeigt, wie viele Menschen auf welche Weise beispielsweise durch Lockdowns geschädigt worden sind.

Ich kenne nur den einen oder anderen Artikel, wo von solchen Kollateralschäden gesprochen wird.

Diese sind aber erstens meist schon ziemlich alt und bleiben außerdem vage, was die tatsächlichen Zahlen betrifft.

Bleiben nur die gewohnt präzisen Angaben der Leugner:

Etliche, viele, unzählige.

Und das liegt augenscheinlich und schlicht und ergreifend daran, dass es eben nichts *gibt*, was zahlenmäßig relevant wäre.

Alles, was die Leugner diesbezüglich seit Jahren behaupten, ist schlichtweg total aufgebauscht.

Ein Beispiel dazu:

Während des ersten Lockdowns ist die Zahl der Menschen, die mit Verdacht auf Herzinfarkt oder Schlaganfall in die Notaufnahmen kamen, drastisch zurückgegangen.

Das wurde darauf zurückgeführt, dass die Menschen nicht ins Krankenhaus gingen, weil sie befürchteten, nicht behandelt zu werden oder sich zu infizieren.

Der Aufschrei war groß, und die Leugner hatten ihre ersten Kollateralschäden.

Allerdings wurde wenig später bekannt, dass es weder eine erhöhte Sterblichkeit noch irgendeinen Nachholeffekt gab.[17]

Das hat mich interessiert und ich habe überlegt, woran das liegen könnte.

Dann stieß ich auf einen Bericht, wonach in Japan im ersten Halbjahr der Pandemie die Selbstmorde um zwanzig Prozent zurückgegangen sind.

Japan hat eine der höchsten Suizidraten der Welt, was zu einem großen Teil auf die enorme berufliche Belastung zurückgeführt wird.

Somit ist es nicht unwahrscheinlich, dass bei reduzierter Belastung, beispielsweise durch einen Lockdown, eben auch die Zahl der Selbstmorde sinkt.

Und nicht nach oben geht, weil sich, wie uns manche klarmachen wollten, völlig gesunde Menschen ausschließlich wegen Lockdown reihenweise umbringen.

Und diesen Befund bestätigt später auch der *Business Insider*.[18]

---

[17] Springermedizin: Herzinfarkt und Schlaganfall Notaufnahmen Corona
https://www.springermedizin.de/covid-19/notfallmedizin/-corona-delle--bei-notfalleinweisungen-in-kliniken/18148990
[18] Business Insider: Weniger Selbstmorde in Japan
https://www.businessinsider.de/karriere/arbeitsleben/in-japan-gibt-es-seit-corona-viel-weniger-suizide-weil-der-lockdown-dort-zwangslaeufig-den-arbeitsdruck-verringert/

Zum vermeintlichen Kollateralschaden *Herz* gibt es überdies aktuelle Studien, die belegen, dass gerade eine Infektion mit dem Corona-Virus die Herzgesundheit stark gefährdet.[19]

Dann wären da noch die möglichen negativen Folgen verschobener Krankenhausbehandlungen.

In erster Linie ging es dabei um Krebserkrankungen, die, weil sie nicht rechtzeitig adäquat behandelt wurden, die Erkrankung erheblich verschlimmern könnten.

Das war auch eine durchaus nachvollziehbare Annahme.

Die sich aber bisher offenbar nicht bestätigt hat.[20]

Zweitens gibt es keine erkennbare Zunahme von Todesfällen aufgrund von Krebserkrankungen:

Die gerade veröffentlichte Todesursachenstatistik für 2022 verzeichnet einen prozentualen *Rückgang* von Todesfällen durch Krebs.[21]

Aufgrund der Steigerung der Gesamtsterblichkeit ergibt sich hier eine tatsächliche Zunahme von etwas mehr als zweitausendvierhundert Fällen.[22]

Und nachdem gerade die härtesten Einschränkungen ja mittlerweile dreieinhalb Jahre her sind, müsste man doch mit einiger Sicherheit bereits Ausschläge bei den Todesfällen sehen, falls das Problem tatsächlich so eklatant wäre.

Oder zumindest bei den Erkrankungen.

Noch eine abschließende Bemerkung zu den Kollateralschäden:

Wenn mir jemand empfiehlt, ich müsse *diplomatischer* werden, verweise ich gern auf eine bedeutende historische Persönlichkeit, die folgenden Satz geprägt hat:

"Der Zweck der Diplomatie ist die Verlängerung von Krisen!"

---

[19] MDR: Covid erhöht Risiko für Herz-Kreislauf-Erkrankungen
https://www.mdr.de/wissen/covid-folge-herz-kreislauf-krankheiten-herzrhythmus-stoerungen-thrombosen-100.html
[20] ZDF: Keine Zunahme an Krebserkrankungen in den letzten zwanzig Jahren
https://www.zdf.de/nachrichten/panorama/studie-krebs-diagnose-erkrankung-anstieg-100.html
[21] Destatis: Todesursachenstatistik 2022
https://www.destatis.de/DE/Themen/Gesellschaft-Umwelt/Gesundheit/Todesursachen/_inhalt.html
[22] Destatis: Todesursachenstatistik 2021
https://www.destatis.de/DE/Presse/Pressemitteilungen/2022/12/PD22_544_23211.html

Nur selten fragt mich dann einer, wer denn diese bedeutende historische Persönlichkeit war.

Und ist dann vielleicht ein wenig pikiert, wenn ich ihm mitteile, dass es *Mr. Spock* vom *Raumschiff Enterprise* gewesen ist.

Ungeachtet dieser Albernheit enthält der zitierte Satz viel Weisheit.

Wie man unter anderem gerade in der Ukraine sieht.

Ende mit Schrecken oder Schrecken ohne Ende, das ist die Frage.

Und nun könntest Du Dir mal folgende Frage stellen:

Wenn es nämlich klar ist, dass irgendwelche Schutzmaßnahmen Kollateralschäden hervorrufen, beispielsweise traumatisierte Kinder, dann läge doch auf der Hand, dass man als Widerständler sagt:

"Die da oben wollen unbedingt den Lockdown, obwohl das hinten und vorne nicht notwendig ist. Aber wir werden sie wohl davon nicht abbringen können. Also lass uns geduldig sein und uns an die Maßnahmen halten. Umso schneller gehen die Zahlen runter, und sie haben keinen Vorwand mehr, uns wegzusperren. Dann können auch unsere Kinder wieder in die Kita und die Schule gehen und vereinsamen nicht noch mehr!"

Haben sie das gesagt?

Nein, haben sie nicht.

Es ging ihnen nie um die armen Kinder.

Es ging ihnen ausschließlich um den Widerstand!

Diesbezüglich noch ein weiterer Gedankenanstoß:

Stell Dir irgendeine Gesellschaft vor, die von etwas bedroht wird.

Beispielsweise ein kleines Dorf im Himalaya von einem Erdbeben oder von einer durch Monsun ausgelösten Überschwemmung.

Oder ein Staat, der von einem Nachbarstaat überfallen wird.

Wie zum Beispiel die Ukraine.

Was ist denn Deiner Erfahrung nach kennzeichnend für das Verhalten einer solchen Gesellschaft angesichts einer Bedrohung?

Meines Erachtens gibt es zwei typische Verhaltensweisen:

Einige wenige nutzen die Notlage aus, um sich zu bereichern und sich Vorteile zu verschaffen.

Beispielsweise durch Plünderung oder Ähnliches.

Die allermeisten jedoch entwickeln eine sogenannte Wagenburg-mentalität, indem sie zusammenrücken und gemeinsam gegen die Bedrohung ankämpfen.

Das sind, soweit ich informiert bin, empirische Erkenntnisse aus der Menschheitsgeschichte.

Und jetzt stell Dir mal vor, wie es abgelaufen wäre, wenn sich alle einig gewesen wären, dass da eine zwar unsichtbare, aber teilweise tödliche Bedrohung existiert.

Und zwar eine, die aufgrund ihrer Eigenschaften für jede Familie im Land eine Bedrohung darstellt.

Einfach deshalb, weil die allermeisten Familien im Land rein statistisch mindestens ein Familienmitglied haben, das bekanntermaßen besonders gefährdet ist.

Was wäre also wohl passiert, wenn das die Erkenntnis gewesen wäre, die sich durchsetzt?

Wenn es also das Geschrei der Leugner bezüglich der Harmlosig-keit oder gar der Erfindung eines nicht vorhandenen Virus nicht gegeben hätte?

Wenn also Eltern ihren Kindern erklärt hätten:

Wir müssen jetzt mal eine Zeitlang vorsichtig sein.

Wir dürfen mal eine Zeitlang nicht rausgehen, damit wir nicht von einem Stein getroffen werden, den das Erdbeben gelockert hat.

Damit wir nicht von einer Flutwelle mitgerissen werden.

Oder damit wir uns nicht anstecken und das Virus weitergeben.

Glaubst Du im Ernst, die Kinder im Land hätten das nicht ver-standen?

Glaubst Du im Ernst, dass es dann so eine Verunsicherung und ein derartiges Theater im Land gegeben hätte?

Nie im Leben!

Übrigens sollte man diesbezüglich noch wissen, dass die Wirt-schaft, die ebenfalls enorm unter dieser Pandemie zu leiden hatte, das genauso sieht, was die Länge der Maßnahmen und die daraus resultierenden Konsequenzen anbelangt:

Marcel Fratzscher, Präsident des Deutschen Instituts für Wirtschafts-forschung (DIW), hielt einen kurzen, konsequenten Lockdown auch gesamtwirtschaftlich für die beste Möglichkeit.[23]

Und das ist auch vollkommen logisch, insbesondere wenn man auch die zwanzig Millionen Hochrisikopersonen mit in die Gleichung nimmt, die man in Bezug auf Corona für Deutschland identifiziert hat.[24]

Das sollte sich der eine oder andere hinter die Ohren schreiben, bevor er das nächste Mal verkündet, die Lockdowns hätten die Wirtschaft ruiniert!

Was bleibt?

Du könntest jetzt nach konkreten Belegen für Kollateralschäden suchen.

Falls Du keine findest, kannst Du alternativ überlegen, wie viele es denn jeweils sein könnten, und das dann zusammenzählen.

Und dann musst Du noch eine Abwägung zwischen aus Deiner Sicht notwendigen und überzogenen Maßnahmen treffen, wodurch diese Kollateralschäden entstanden sind.

Unterm Strich sollten wir uns dann einig sein, dass die Zahl der Kollateralschäden ebenso wie bei den beiden vorangegangenen Rubriken niemals so hoch sein kann, dass sie das Gesamtbild der Pandemie in irgendeiner Form verändern könnte.

Theoretisch bleibt diesbezüglich noch offen, wie sich die Versäumnisse bei der medizinischen Versorgung in Entwicklungs- und Schwellenländern auswirken werden.

Stichwort Masern-Impfung und so weiter.

Allerdings gilt auch hier, dass es sich hier um Versäumnisse handelt, die das Virus und die Pandemie ausgelöst haben und nicht irgendwelche Lockdowns.

Bliebe also nur noch ein letzter Joker.

---

[23] Deutschlandfunk: Marcel Fratzscher zum Lockdown
https://www.deutschlandfunk.de/corona-massnahmen-diw-chef-plaediert-fuer-kurzen-100.html
[24] Spiegel: 21,6 Millionen gehören zur Hochrisikogruppe
https://www.spiegel.de/wissenschaft/mensch/coronavirus-21-6-millionen-menschen-in-deutschland-gehoeren-zur-hochrisiko-gruppe-a-57569da1-588c-4541-93f0-c9ea9da4526d

05 Die tödliche Impfung

Das Argument:

"Die Impfung war unausgereift und hat viele Menschen geschädigt und getötet!"

Wir sind mit mindestens zwanzig Millionen Todesopfern der Corona-Pandemie in diese Betrachtung gestartet.

Diese hat in den ersten drei Rubriken ohne jeden begründeten Zweifel gezeigt, dass wir auch bei allergrößtem Entgegenkommen niemals auf fünfzehn Millionen herunterkommen.

Wer das trotzdem und ohne jeden Beleg für möglich hält, ist entweder nicht sonderlich intelligent oder komplett verstockt.

Oder beides auf einmal.

Wir sind uns also – hoffentlich – darüber einig, dass weder die falschen Schätzungen der Statistiker noch die kriminelle Energie der Herren Schwab und Gates noch die etlichen, diversen, vielen und unzähligen Kollateralschäden den Befund spürbar ändern können.

Somit bleibt dem Lager der Leugner nur noch ein letzter Trumpf.

Nämlich die Impfung.

Diese sollte laut Jakob Tscharntke mindestens eine Million Opfer fordern.

Ich habe das leider nicht im Original gehört.

Deshalb kann ich nicht sagen, auf welchen Zeitraum das bezogen war und ob es möglicherweise sogar eine Milliarde sein sollte.

Ich kann nur sagen, dass diese Vorhersage Tscharntkes exakt dem entspricht, was er die gesamte Pandemie über erzählt hat.

Dass dieser Mann immer noch sein Unwesen auf Kirchenkanzeln treiben kann, ist schon seit der letzten Flüchtlingskrise völlig unfassbar.

Bei Corona macht er munter weiter, beim Ukraine-Krieg wie schon erwähnt ebenfalls.

Und wird beklatscht.

Das wirft kein besonders günstiges Licht auf das geistige und geistliche Niveau der modernen Christenheit.

Darüber werden wir später noch ausführlicher nachdenken.

Natürlich ist die Impfung auch der Favorit der Leugner.

Das war übrigens bereits klar, bevor es sie überhaupt gab.

Der Forscher *Michael Butter* hat die Impfung nicht nur sehr einleuchtend in das Muster bekannter Verschwörungstheorien eingereiht, sondern sogar vor ihrer Einführung vorhergesagt, wie sich die Leugner dagegen positionieren würden.[25]

Und seither scheint die Impfung ja wirklich fürchterlich gewütet zu haben.

Plötzliche, unerwartete und unerklärliche Todesfälle allerorten.

Der gesamte Freundes- und Kollegenkreis betroffen und schwer geschädigt.

Wie immer lohnt sich auch hier der Blick auf die nackten Zahlen.

Denn die lügen nicht.

Allenfalls lügt der, der sie manipuliert.

Also schauen wir sie uns mal an.

---

[25] Zeit: Michael Butter über Verschwörungstheorien
https://www.zeit.de/digital/internet/2021-01/michael-butter-verschwoerungstheorien-corona-impfung-soziale-medien-querdenken/seite-3

05.01 Die Zahlen zur Impfung

Vom 27. Dezember 2020 bis zum 31. März 2023 sind in Deutschland *192.208.062* Impfdosen verabreicht worden.[26]

Dabei wurden *340.282* Verdachtsfälle unerwünschter Nebenwirkungen registriert.

Das entspricht einer Melderate von 1,77 auf tausend Impfdosen.

Also 1,77 Promille.

Oder 0,177 Prozent.

Die Zahl der Verdachtsfälle auf *schwere* Nebenwirkungen beträgt *56.432.*

Das entspricht einer Melderate von 0,29.

Also 0,29 Promille.

Oder 0,029 Prozent.

Weiterhin sind in besagtem Zeitraum *3.315* Verdachtsfälle mit tödlichem Ausgang aufgrund der Impfung registriert worden.

Davon werden vom Paul-Ehrlich-Institut *127* tatsächlich ursächlich der Impfung zugeschrieben.

So weit, so schlecht.

Denn jeder Todesfall ist einer zu viel.

Jeder einzelne Todesfall ist tragisch.

Insbesondere dann, wenn er von einer Impfung verursacht wird, die Leben retten soll und nicht beenden.

Aber das ist noch nicht alles.

Denn demgegenüber stehen Schätzungen, wonach die Impfung allein im ersten Jahr zwanzig Millionen Leben gerettet haben soll.[27]

Selbst wenn man sich hier also gewaltig verschätzt hätte, gäbe es immer noch nicht auch nur ansatzweise einen Vergleich zu den möglichen Opfern der Impfung.

Und es kommt noch etwas dazu, und an dieser Stelle müssen wir mit einem weiteren Mythos aufräumen.

---

[26] PEI: Sicherheitsbericht Corona-Impfung
https://www.pei.de/DE/newsroom/dossier/coronavirus/arzneimittelsicherheit.html
[27] Merkur: Impfung hat 20 Millionen Leben gerettet
https://www.merkur.de/welt/coronavirus-studie-impfung-rettung-20-millionen-menschenleben-who-91630436.html

Nämlich dem, wonach das Virus nur die Alten und Kranken bedroht, die Impfung jedoch alle.

Das ist falsch.

Von der Impfung am meisten gefährdet sind ebenfalls diejenigen, die ein erhöhtes Risiko für einen schweren Verlauf einer Infektion besitzen.

Das erkennt man unter anderem erstens daran, dass die Symptome *Long* und *Post Covid* zum großen Teil dieselben sind, die man als *Post-Vac-Syndrom* nach der Impfung kennt.

Und man erkennt es außerdem daran, dass es entgegen der Behauptungen der Leugner so gut wie gar keine Meldungen von Hinterbliebenen gibt, deren Angehörige angeblich plötzlich und unerwartet verstorben sind.

Und zwar vermutlich deshalb, weil man jeweils um den Gesundheitszustand des Betreffenden vor der Impfung wusste.

Prüf es nach, indem Du alles sammelst, was Du im Internet zu solchen Fällen findest.

Du wirst erstaunt sein, wie dünn diese Liste sein wird.

Fakt ist, dass die Zahl der plötzlichen und unerwarteten Todesfälle seit Jahren *sinkt* und nicht steigt.[28]

Wenn Du das alles aber nicht glauben magst, empfehle ich Dir ein Experiment, das ein Bekannter von mir ungewollt ebenfalls durchgeführt hat.

Er outete sich mir gegenüber ohne entsprechende Fragen meinerseits als 'Schwurbler' und schrieb mir Folgendes:

"Um mich herum neben den von Dir genannten leichten Impfkomplikationen: 3 Herzinfarkte, 4 Augeninfarkte, 1 Gesichtslähmung, 3 Embolien, 1 Turbokrebs-Fall, sich verschlimmernde vorhandene Krankheiten, z. B. jetzt nicht mehr erträgliches Rheuma und Auftreten NEUER Krankheiten, ein Fall davon fast bis zur Berufsunfähigkeit und 4 'plötzliche' Todesfälle."

Dieser Mann arbeitet in einem Unternehmen mit mehr als zehntausend Mitarbeitern.

---

[28] BR: Plötzlich und unerwartet
https://www.br.de/nachrichten/wissen/faktenfuchs-wie-impfgegner-todesfaelle-instrumentalisieren,TUb6q94

An seinem Bürostandort arbeiten mehrere hundert Menschen.

Dazu pflegt er ein sehr zeitaufwendiges Hobby.

Deshalb arbeitet er auch nur halbtags.

Dabei kommt er zusätzlich mit vielen Menschen in Kontakt.

Unterm Strich hat er einen ziemlich großen Freundes-, Bekannten- und Kollegenkreis.

Und realistischerweise bekommt man es in der aktuellen aufgeheizten Atmosphäre wohl meistens mit, wenn irgendjemand eine stärkere Schädigung erleidet.

Selbst wenn man jetzt annehmen wollte, dass all die genannten Schädigungen *tatsächlich* von der Impfung herrührten:

Wenn man die Zahl der Bekannten mit den oben geschilderten Verdachtsfällen in Relation bringt, wird klar, dass der Mann schlichtweg dem berühmten *Confirmation Bias* erlegen ist.[29]

Und so geht es ganz einfach jedem, der unter Focus-Artikeln empört die vielen schrecklichen Fälle aus seinem Bekanntenkreis aufzählt.

Und dabei überhaupt nicht merkt, dass er sich gerade ins mathematische Nirwana argumentiert.

Darüber hinaus ist es ohnehin interessant, was es mit diesen Verdachtsfällen generell auf sich hat.

Erstens ist es beispielsweise so, dass laut Studien ein Drittel bis die Hälfte der Verdachtsfälle unter den jeweiligen Probanden auf dem *Placebo-Effekt* beruht.[30]

Und noch etwas ist in diesem Zusammenhang interessant.

Wie bereits erwähnt gibt es ja das Post-Vac-Syndrom, also die Nebenwirkungen nach einer Impfung, die den Symptomen nach einer Infektion gleichen.

Interessant daran ist, dass die *Hälfte* aller diesbezüglich gemeldeten Fälle in Deutschland erfasst wurde.[31]

---

[29] Wikipedia: Confirmation Bias
https://de.wikipedia.org/wiki/Best%C3%A4tigungsfehler
[30] MDR: Jede zweite Nebenwirkung beruht auf dem Placebo-Effekt.
https://www.mdr.de/wissen/jede-zweite-nebenwirkung-bei-corona-impfungen-eingebildet-covid-impfstoffe-102.html
[31] Focus: Hälfte aller Long-Covid-Fälle nach Impfung in Deutschland gemeldet
https://www.focus.de/gesundheit/coronavirus/experten-raetseln-long-covid-symptome-nach-impfung-haelfte-aller-verdachtsfaelle-aus-deutschland_id_198376100.html

Dabei sind in Deutschland gerade mal anderthalb Prozent der weltweiten Impfdosen verabreicht worden.

All das spricht eine ziemlich deutliche Sprache, würde ich sagen.

Aber spinnen wir den Gedanken trotzdem noch ein Stück weiter.

Lass uns also darüber nachdenken, was es denn bedeuten würde, wenn tatsächlich so viele Fälle von Nebenwirkungen nicht erkannt oder vertuscht würden.

Da gab es im letzten Jahr den Herrn Matthes.[32]

Der präsentierte eine Studie, wonach die Nebenwirkungen der Corona-Impfung um den Faktor vierzig untererfasst seien.

Erstens war Matthes bereits vorher als Corona-Verharmloser aufgefallen.

Zweitens wurden seiner angeblichen Studie methodische Fehler vorgeworfen.

Drittens stellte sich heraus, dass die angebliche Studie lediglich eine Onlineumfrage war.

Viertens wurde ermittelt, dass Matthes' Aussagen zur Situation in anderen Ländern schlicht falsch waren.

Das dazu.

Aber lass uns einfach die Zahlen anschauen.

Nehmen wir mal die gut 56.000 schweren Nebenwirkungen mal vierzig.

Ergibt gut 2,2 Millionen.

Oder die 3.315 Verdachtsfälle mit tödlichem Ausgang mal vierzig.

Ergibt *132.600.*

Jetzt unterstellen wir mal, das seien keine Verdachtsfälle, sondern hier wäre die Impfung tatsächlich für den Tod verantwortlich.

Dann hätten wir also über 132.000 Todesfälle, bei denen die verantwortlichen Ärzte oder wer auch immer entweder inkompetent waren oder vertuscht haben.

Also entweder ihre Approbation in der Baumschule gemacht oder ihren hippokratischen Eid in die Tonne gekloppt haben.

---

[32] Berliner Zeitung: Studie Harald Matthes
https://www.berliner-zeitung.de/news/corona-impfung-mehr-impt-nebenwirkungen-als-offiziell-bekannt-charite-distanziert-sich-von-studie-li.228128

Mit dieser Menge an Trotteln und Betrügern könnte man beinahe den deutschen Fachkräftemangel beheben.

Oder ganze Landstriche neu besiedeln.

Realistisch betrachtet sollte allerdings jetzt klar sein, dass auch der finale Joker der Leugner über jeden begründeten Zweifel hinaus nicht sticht.

Aber wir wollen ja über Zahlen und Fakten reden.

Also legen wir jetzt mal die zwanzig Millionen Toten der WHO zugrunde.

Dann überlegen wir durchaus großzügig, wie viele Todesopfer die vier besprochenen Rubriken gekostet haben beziehungsweise wegerklären können.

Die fehlerhaften Schätzungen zwei Millionen?

Die Betrugsversuche eine?

Die Kollateralschäden eine?

Und die Impfung eine?

Zwischenergebnis fünfzehn.

Dann die Leben dagegen rechnen, die die Impfung gerettet hat.

X Millionen.

Und zu guter Letzt die geretteten Leben dagegen rechnen, die auf dem sogenannten *Präventions-Paradoxon* basieren.

Dem Fremdwort, das die Leugner offenbar nicht kennen und das sie deshalb auch nie in den Mund nehmen.

Das Präventions-Paradoxon – oder Paradox – bezeichnet gewissermaßen die Toten, die es aufgrund der Schutzmaßnahmen *nicht* gegeben hat.[33]

Und die man deshalb nicht zählen kann.

Deshalb weiß man auch nicht, wie viele das konkret sein könnten.

Allerdings gibt es durchaus Anhaltspunkte.

In unserem Fall wären das beispielsweise die Ereignisse im Hanns-Lilje-Heim.

---

[33] MedMedia: Das Präventions-Paradoxon
https://www.medmedia.at/relatus-med/kommentar-jetzt-zeigt-sich-das-paradoxon-der-praevention/

Denn aus den tragischen Geschehnissen dort könnte man im Umkehrschluss ja ableiten, wieviel an Sterbefällen man anderswo ungefähr *verhindern* konnte.

Noch klarer sieht man es daran, dass zwischen Januar und März 2021 die Zahl der täglichen Corona-Sterbefälle von über 1.200 auf unter 300 sank.

Woran das lag, betrachten wir später, wenn wir über die Wirksamkeit von Lockdowns nachdenken.

Vorab kannst Du Dir die Reduzierung um neunhundert Tote pro Tag mal auf fünf kalte Wintermonate hochrechnen.

Und daraus vielleicht auch mal eine weltweite Annäherungsrechnung machen.

Ich schätze, dabei kommt etwas mit einigen Nullen heraus.

Generell kannst Du jetzt ein wenig mit den Zahlen spielen.

Du kannst bei den vier behandelten Rubriken gerne noch etwas draufpacken.

Anschließend wieder die beiden letztgenannten Aspekte dagegen rechnen.

Und dabei wirst Du erkennen, dass die genannten zwanzig Millionen als Saldo aus allen sechs Aspekten mit großer Wahrscheinlichkeit alles andere als übertrieben sind.

Für den Fall, dass Du das trotz aller Anstrengungen und Erklärungen anders siehst, vielleicht *immer noch* anders siehst:

Dann kann ich mich nur ein weiteres Mal wiederholen:

Bring Belege herbei.

Oder schweige.

Wenn wir uns jetzt allerdings dahingehend einig sind, dass die zwanzig Millionen mindestens realistisch sind und weder durch falsche Schätzungen noch durch Betrug, Kollateralschäden und Impfopfer wegerklärt werden können, dann bleibt an dieser Stelle ein weiteres Mal nur noch eine Frage übrig.

Nämlich die, ob man etwas gegen das Virus unternehmen musste.

Verneinst Du diese, solltest Du, und das meine ich sehr, sehr ernst, dringend Deine Beziehung zu Deinem Herrn und Gott überdenken.

Sprich, sehr intensiv über Deinen Bekehrungsstatus nachdenken.

Denn wenn die genannte und überprüfte, potenzielle oder tatsächliche Opferzahl für Dich kein Grund ist, etwas zur Rettung dieser Leben zu unternehmen, dann hast Du ein sehr ernsthaftes Problem mit deiner Herzenshaltung.

Auch darauf kommen wir noch zurück.

Falls Du mir aber ansonsten zustimmst, was erstens die Zahlen und Fakten und zweitens die Notwendigkeit von Schutzmaßnahmen betrifft, überlegen wir jetzt, wie sinnvoll das war, was getan *wurde*.

Vorher möchte jedoch auch ich noch zwei kritische Anmerkungen loswerden.

05.02 Die Impfskandale

Erstens zu der Art, wie mit Long Covid und den gemeldeten Impfschäden umgegangen wird.

Zum einen ist es beschämend, wie miserabel man darauf vorbereitet war und wie schleppend jetzt das Einrichten geeigneter Stellen verläuft.

Zum anderen ist es ein Skandal, wie hartleibig sich offenbar zeitweise verhalten wird, was das Akzeptieren möglicher schwerer Nebenwirkungen der Impfung betrifft.

Dass die Pharmahersteller in dieser zeitkritischen Situation am längeren Hebel saßen und infolgedessen einen großen Teil der Produkthaftung auf den jeweiligen Staat abwälzen konnten, ist nachvollziehbar.

Schließlich arbeiten sie nicht in erster Linie für den Friedensnobelpreis, sondern um Geld zu verdienen.

Sie hätten aber von den gewaltigen Gewinnen aus der Impfung eine vernünftige Rückstellung bilden müssen, um dann im Zweifel für den Patienten zu entscheiden und diesen zu entschädigen.

Das hätte der aufgeheizten Diskussion im Land eine Menge Schärfe genommen.

Zweitens gibt es ein absolutes Skandalurteil des Landgerichtes Mainz.

Dieses hat die Klage einer Impfgeschädigten abgewiesen.[34]

Diese Frau ist offenbar aufgrund einer Impfung auf einem Ohr taub.

Die Erkrankung ist bestätigt und als auf die Impfung zurückzuführen eingestuft.

Trotzdem gibt es keinen Schadenersatz.

Die Begründung dafür ist der Skandal.

Denn das Landgericht Mainz argumentiert allen Ernstes, weil der Nutzen der Impfung für die Allgemeinheit höher sei als das Risiko eines möglichen Impfschadens, bestehe kein Anspruch.

Das ist eine absolute Unverschämtheit.

---

[34] SWR: Landgericht Mainz weist Klage ab
https://www.swr.de/swraktuell/rheinland-pfalz/mainz/klage-von-mainzerin-gegen-astrazeneca-abgelehnt-102.html

Genauso gut könnte man den Hinterbliebenen der Opfer eines Flugzeugabsturzes die Entschädigung verweigern.

Denn Flugzeuge bieten ja auch einen Nutzen für die Allgemeinheit.

Ich kann nur hoffen, dass dieses Urteil in der nächsten Instanz wieder einkassiert wird.

06 Die Schutzmaßnahmen

Bevor wir zur Bewertung einzelner Maßnahmen kommen, ein paar einleitende und erklärende Bemerkungen vorab.

Diese formuliere ich ausdrücklich *nicht*, um die Verantwortlichen pauschal von jeder Kritik freizusprechen.

Auch nicht, um meine eigene Haltung der vergangenen Jahre zu verteidigen und zu rechtfertigen.

Sondern weil ich es so meine, wie ich es sage.

Und das auch begründen kann.

Erste These:

06.01 Der Zeitfaktor

Richtig und wichtig ist es, bei der Überprüfung der Sinnhaftigkeit der Schutzmaßnahmen darauf hinzuweisen, dass man generell immer erst hinterher schlauer ist und zum Zeitpunkt der Entscheidung nicht wissen kann, wie sich diese auswirken wird.

Wenn man das aber tatsächlich tut, läuft man Gefahr, dass der andere da heraushört, es seien gravierende Fehler gemacht worden, die man mit diesem Hinweis rechtfertigen will.

Genau hier liegt übrigens das generelle Problem dessen, was man jetzt Aufarbeitung nennt.

Denn die Leugner, auch die in der Politik übrigens an vorderster Stelle, haben überhaupt kein Interesse an einer ehrlichen und fairen Aufarbeitung.

Sondern lauern aktuell nur darauf, dass irgendwo ein Fehler eingeräumt wird.

Den feiern sie dann ausgiebig und behaupten, sie hätten es ja schon immer gewusst und gesagt und überhaupt seien sowieso sämtliche Entscheidungen und Annahmen der Mahner falsch gewesen.

Das alles ist keine Überraschung.

Und es ändert nichts am Befund.

Zweite These:

06.02 Die Infrastruktur

Man kann nur mit dem arbeiten, was man hat.

Die Corona-Pandemie kam relativ überraschend.

Sie griff massiv in das soziale und wirtschaftliche Leben der Gesellschaft ein und somit in das Leben beinahe jeden Bürgers.

Und sie traf auf bestimmte Bedingungen, die den Umgang mit dem Virus potenziell entweder erleichterten oder erschwerten.

In Deutschland war es beispielsweise so, dass es tatsächlich eine Gebrauchsanweisung für die Bekämpfung einer Pandemie gab.

Eine solche lag seit 2013 dem Deutschen Bundestag in Form einer sogenannten *Drucksache* mit der Bezeichnung *17/12051* vor.[35]

Diese beschrieb den Ablauf eines solchen Geschehens so realistisch und so passend zu den tatsächlichen späteren Ereignissen, dass es fast schon unheimlich erscheint.

Oder verdächtig.

Ein gefundenes Fressen für Verschwörungstheoretiker.

Somit gab es also bereits eine Handlungsanweisung.

Trotzdem wurde mehr oder weniger kopf- und hilflos reagiert, als es tatsächlich so weit war.

Man war schlichtweg an keiner Ecke vorbereitet.

Nicht personell.

Wobei das auch ein wenig verständlich ist.

Denn kaum jemand kann sich vorstellen, was ein unglaublicher Aufwand nötig gewesen wäre, für eine *möglicherweise* eintretende Situation gewappnet zu sein.

Also schlichtweg Personal vorzuhalten, das so lange mehr oder weniger beschäftigungslos herumsitzt, bis der unwahrscheinliche Fall vielleicht eintritt.

Das ist ganz einfach nicht vor- und darstellbar.

Dasselbe gilt übrigens für die Impfung.

Du erinnerst Dich sicher an den Zorn in der Bevölkerung, als die Impfkampagne so schleppend anlief, weil zu wenig Impfstoff da war.

---

[35] Ärzteblatt: Drucksache 17/12051
https://www.aerzteblatt.de/archiv/213477/Pandemie-Eine-schnoede-Drucksache

Was aber notwendig gewesen wäre, um gleich zu Beginn ausreichende Kapazitäten zu haben, stellt sich niemand vor, der nicht im Projektmanagement zuhause ist.

Denn man hätte damals für fünf oder zehn Pharmahersteller ausreichende Kapazitäten aufbauen müssen.

Schließlich wusste man ja nicht, wer am Ende das Rennen um den Impfstoff machen würde.

Erinnerst Du Dich an CureVac?

Die hatten seinerzeit die Nase lange vorne.

Und wo ist heute ihr Impfstoff?

Es gibt ihn nicht.

Man brauchte also:

- *Produktionsstätten.*
- *Fertigungsanlagen.*
- *Werkzeuge.*
- *Geschultes Personal.*
- *Lieferketten.*
- *Einkaufsverträge.*

All das jeweils fünf- oder zehn Mal.

Denn man kann nicht einfach für jeden Hersteller dasselbe Equipment hinstellen und ihm sagen, hier produzierst du jetzt.

Das ist unmöglich.

Räumlich.

Logistisch.

Technisch.

Nicht realisierbar.

Nicht in Deutschland.

Stell Dir mal vor, wie groß der Aufschrei gewesen wäre, wenn man festgestellt hätte, dass man umsonst eine Menge Kapazitäten zur Herstellung von Impfstoffen aufgebaut hat.

Wie bei den Impfstoffen selbst oder den Masken, die man zu viel beschafft hatte.

In den USA *hat* man es übrigens teilweise so gemacht wie beschrieben.

Das nur noch der Vollständigkeit halber.

Vor allem jedoch war Deutschland in digitaler Hinsicht nicht vorbereitet.

Und hier liegt eine der größten Katastrophen der Virusbekämpfung.

Denn hier hätte man durchaus wirksame Systeme implementieren können, ohne dass dies fürchterlich viel gekostet hätte.

Und wer weiß, was man mit besseren Hilfsmitteln alles hätte besser machen können.

In Südkorea war es beispielsweise so, dass unter anderem die Digitalisierung ihren Anteil an einer relativ erfolgreichen Virusbekämpfung hatte.[36]

Allerdings wird aus dem verlinkten Artikel auch deutlich, warum das so war – und dass das in Deutschland nicht so einfach gewesen wäre.

Denn hierzulande gibt es eben zu viele, die vehement für Datenschutz demonstrieren.

Und gleichzeitig ihr Leben bei Facebook oder Instagram ausbreiten.

Damit zu These drei.

---

[36] Berliner Zeitung: Corona in Südkorea
https://www.berliner-zeitung.de/politik-gesellschaft/warum-der-vergleich-mit-suedkorea-beim-kampf-gegen-corona-hinkt-li.119253

06.03 Virusbekämpfung nach Zahlen

Es gibt möglicherweise zwei Aspekte, die insbesondere aus christlicher Sicht die *entscheidenden* Knackpunkte hinsichtlich der richtigen Einschätzung der Corona-Pandemie darstellen.

Zu beiden musst Du, lieber Leser, Dir eine abschließende Meinung bilden.

Und zwar, indem Du sie anhand Deiner vorhandenen christlichen oder sonstigen Werte überprüfst.

Einmal sind das die vielen Falschbehauptungen und glasklaren Lügen, die die Leugner – leider insbesondere auch die christlichen – zu dieser Pandemie abgesondert haben und weiter absondern.

Dazu wird wie angekündigt noch einiges an Beispielen und Belegen kommen.

Und allein die Vielzahl und die Qualität dieser Falschaussagen müssten eigentlich jeden Christen auf dieser Welt so entsetzen, dass ihm schon daran klar wird, wo die Reise hingeht.

Es gibt aber noch einen zweiten Aspekt, der von den meisten nicht wirklich gesehen wird.

Nämlich das Abwägen dahingehend, wie viele Menschen man sterben lassen kann, um andere mögliche Negativfolgen von Schutzmaßnahmen zu verhindern.

Gerade dieses Abwägen geht ganz besonders aus dem Vortrag des Mediziners und Professors Henrik Ullrich auf der Zweiten ACCH-Konferenz hervor, auf die wir noch ausführlich eingehen werden.

Einige der diesbezüglichen Aussagen daraus möchte ich hier schon einmal vorwegnehmen.

Professor Ullrich erwähnt beispielsweise den Statistiker *Gerd Antes*.

Diesen bezeichnet er wörtlich als *berühmten Wissenschaftler*.

Ob der Mann berühmt ist, will ich mal dahingestellt lassen.

Vor Corona kannten ihn vermutlich nur wenige.

Antes wird landläufig als sogenannter *evidenz-basierter Mediziner* beschrieben.

Und diese Zuschreibung scheint er auch zu mögen.[37]

Er kritisiert seit Jahren die Vorgehensweise der Verantwortlichen bei der Virusbekämpfung und wirft ihnen Chaos und Blindflug vor.

Dabei bewegt er sich verdächtig nah am Querdenkermilieu.

Oder sogar mittendrin.

Das ist aber nicht das Problem.

Denn mit seiner sachlichen Kritik am deutschen Bürokratie-Chaos hat er überwiegend absolut recht.

Das Problem jedoch ist das von ihm geforderte evidenz-basierte Vorgehen.

Das beruht, nun ja, auf Evidenz.

Also auf wissenschaftlichen Belegen aus hochwertigen Studien.

Das klingt zunächst einmal gut und sinnvoll.

Aber überlegen wir mal, wie das auf eine Pandemie passt.

Beispiel:

Antes sagt unter anderem in Bezug auf die Corona-Maßnahmen:

"Wir haben zurzeit einen Irrationalismus, der der Gesellschaft schadet und mit einem modernen Land vollkommen unvereinbar ist. Eigentlich – aber er ist Realität."

Was will er damit sagen?

Natürlich dass die Maßnahmen überzogen sind angesichts der Zahlen und der geringen Wahrscheinlichkeit, an dem Corona-Virus zu erkranken oder zu sterben.

Das ist rein mathematisch betrachtet auch nicht falsch.

Allerdings bedeutet es im Umkehrschluss, dass es, wenn man besagte Maßnahmen fallenließe, Dich oder mich oder wen auch immer eben erwischen könnte.

Während wir ansonsten durch die Maßnahmen geschützt wären.

Und in diesem Stil geht es immer weiter.

Professor Ullrich erklärt, dass das Virus in erster Linie regional aktiv war.

---

[37] Kontextwochenzeitung: Evidenzbasierter Mediziner Antes
https://www.kontextwochenzeitung.de/debatte/646/das-chaos-ist-unbegreiflich-9024.html

Erst in Heinsberg, dann in München und so weiter.

Und moniert, man habe jeweils die anderen Regionen in Vorschriften und Lockdown versetzt, obwohl die doch *relative Ruhe* gehabt hätten.

Dabei lässt er zwei Aspekte unter den Tisch fallen.

Erstens, dass *relative* Ruhe nicht *absolute* Ruhe bedeutet.

Also, dass es hier trotzdem die Gefährdung gab.

Und Opfer.

Und zweitens, dass wir in einer ziemlich mobilen Gesellschaft leben und immer die Gefahr besteht, dass das Virus über regionale Grenzen hinweg mitgenommen wird und anderswo möglicherweise für Cluster-Ausbrüche sorgt.

Beispielsweise war es im besagten Hanns-Lilje-Heim dem Vernehmen nach so, dass das Virus durch einen Patienten hineingelangt ist, der lediglich für *einen Tag* dort war.

Dann wird Matthias Schrappe zitiert, der sich mit seiner hochgelobten *Arbeitsgruppe* ebenfalls permanent gegen sämtliche Maßnahmen gesträubt hat.

Dieser hat die Erfolgschancen der Masken berechnet.

Und kommt zu einem wirklich kreativen Ergebnis.

Und da heißt es jetzt aufmerken, denn was da rauskommt, entspricht ein weiteres Mal der Frage, ob man Virusbekämpfung nach Zahlen betreiben will oder jeden im Auge hat.

Schrappe spricht von einer relativen Risikoverminderung von achtzig Prozent durch Tragen einer Maske.

Dann legt er eine Infektionswahrscheinlichkeit von zehn Prozent zugrunde und errechnet daraus eine absolute Risikoverminderung von acht Prozent.

Daraus schließt er, es müssten somit 12,5 Personen eine Maske tragen, um eine Infektion zu verhindern.

Das gelte wohlgemerkt nur für den Hochrisikobereich, also in Krankenhäusern und dergleichen.

In Supermärkten mit einer Infektionswahrscheinlichkeit von 0,1 Prozent müssten sogar 12.500 Personen Maske tragen, um eine Infektion zu verhindern.

Das alles ist *mathematisch* nicht zu beanstanden.

Faktisch und menschlich ist es an Zynismus nicht zu überbieten.

Denn wo bleibt hier der *eine* Betroffene?

Wo bleiben hier die vier von mehr als achtzig Millionen, die vom Blitz getroffen und getötet werden?

(Zu denen kommen wir noch!)

Und wo bleibt der eine Patient, der das Virus ins Hanns-Lilje-Heim getragen hat, wo dann die Siebenundvierzig starben?

Was wäre gewesen, wenn dieser eine einer der 12.500 gewesen wäre, die Maske getragen haben, und dadurch für den Schutz der Siebenundvierzig gesorgt hätte?

Merkst Du nicht auch, lieber Leser, wie menschenverachtend die Herangehensweise der Menschen ist, die die Bekämpfung eines Virus hauptsächlich an Wahrscheinlichkeiten knüpfen wollen?

Denken wir darüber noch ein wenig weiter nach.

Da wäre zunächst einmal der unmittelbare Anfang einer Pandemie.

Man weiß, da ist eine potenziell tödliche Bedrohung.

Wie groß diese ist und für wen sie besonders bedrohlich ist, weiß man noch nicht.

Was tut man also in diesem Moment?

Wartet man ab, bis man ausreichend Daten gesammelt hat?

Oder macht man die Schotten dicht?

Ich denke, die Antwort liegt auf der Hand.

Falls Du das nicht so siehst, ein Beispiel dazu:

Du erinnerst Dich sicher an die Behördenposse um die angebliche Löwin, die im Berliner Umland entlaufen sein sollte.[38]

Jetzt stell Dir vor, Du wärest gerade mit Deiner Familie in Klein-machnow am Spazierengehen.

Oder Deine Gemeinde veranstaltet dort einen Open-Air-Gottes-dienst.

---

[38] RBB24: Löwin war Wildschwein
https://www.rbb24.de/panorama/beitrag/2023/07/wildschwein-loewin-kleinmachnow-gewissheit-labor-ergebnis.html

Was hättest Du getan, als Du von der Löwin hörtest und von dem Gerücht, dass es vielleicht doch nur eine Wildsau ist?

Hättest Du Spaziergang oder Gottesdienst fortgesetzt?

In der Hoffnung, dass es tatsächlich ein Wildschwein ist?

Oder hättest Du abgebrochen, weil Du nicht *sicher* sein konntest, dass es erstens keine Löwin oder dass diese zweitens satt war?

Ich denke, die Antwort ist klar.

Es sei denn, auf Dein Verhältnis zu Deiner Familie oder Gemeinde trifft in etwa das zu, was der Fernsehreporter *Béla Réthy* während der letzten Fußball-WM in Katar über die Hitze sagte:

„Man kann hier nicht mal spazieren gehen - es sei denn, man mag seinen Hund nicht."[39]

Es sollte also klar sein, dass man in einer neuen, akut lebensbedrohlichen Situation nicht auf die Evidenzen warten kann.

Hier liegt übrigens auch der Grund dafür, dass ich bereits nach seinem ersten Video im Frühjahr 2020 wusste, dass *Sucharit Bhakdi* ein Scharlatan ist.

Der behauptete nämlich damals zunächst, Corona sei nicht gefährlicher als Grippe.

Später ruderte er übrigens zurück, was an den meisten Leugnern aber komplett vorbeigegangen ist.[40]

Dann forderte er, es müssten zuerst Daten gesammelt werden, bevor man irgendwelche Maßnahmen in die Wege leiten könne.

Und das war aus zwei Gründen entlarvend.

Erstens, weil er sich doch hinsichtlich der Harmlosigkeit des Virus bereits festgelegt hatte.

Wozu also dann noch Daten sammeln?

Zweitens, weil es eben nicht sinnvoll ist, auf Evidenzen zu warten, die vielleicht erst vorliegen, wenn man tot ist.

---

[39] Sport-90: Béla Réthy und die Hitze in Katar
https://sport-90.de/bela-rethy
[40] Presseportal: Bhakdi, Das Virus ist gefährlich
https://www.presseportal.de/pm/58964/4762919

Was aber tut man, wenn die Pandemie schon fortgeschritten ist und demzufolge – theoretisch – genügend Informationen vorliegen?

Gezielt vorgehen?

Ja und nein.

Denn hier liegt womöglich das noch größere Problem.

Wie würde ein evidenz-basiertes, gezieltes Vorgehen aussehen?

Man würde beispielsweise versuchen, die am meisten gefährdeten Personen zu schützen.

Das sind bekanntlich die Alten und Kranken.

Von denen leben viele in Pflegeheimen.

Die müsste man dann abschotten.

Dann hätte beziehungsweise hatte man das Problem, dass da ja Mitarbeiter und Besucher aus- und eingehen.

Hier liegt übrigens das wohl schlimmste Versagen der Regierenden während der Pandemie.

Aber in einer anderen Hinsicht, als Du denkst.

Dann ist es so, dass der Begriff *viele* für die Alten und Kranken gar nicht wirklich zutrifft.

Denn von den etwa fünf Millionen pflegebedürftigen Menschen in Deutschland leben nur etwa achthunderttausend, also ungefähr sechzehn Prozent, in Pflegeheimen.[41]

Pflegebedürftigkeit und Alter korrelieren ja zu einem ziemlich großen Teil.

Mehr als vier Millionen laufen also gewissermaßen frei herum.

Sie leben in Familien mit ihren Kindern, Enkeln und Urenkeln.

Oder sie leben allein und werden beispielsweise von Pflegediensten besucht und betreut.

Das heißt, für sämtliche Alten und Kranken besteht durch die unterschiedlichen sozialen Interaktionen ein Risiko, sich zu infizieren.

Um dieses Risiko so weit wie möglich zu eliminieren, bleibt nur, alles so weit wie möglich dicht zu machen.

Was nützt also in diesem Moment die Evidenz?

---

[41] Altenpflege Online: 800.000 Menschen leben in Pflegeheimen
https://www.altenpflege-online.net/fast-800-000-menschen-leben-in-pflegeheimen/

Richtig: Nichts.

Wobei das nicht ganz richtig ist.

Natürlich könnte man die Evidenz jetzt heranziehen, um zumindest einen Teilschutz für die betroffenen und gefährdeten Personen zu gewährleisten.

Also hier und dort so gut wie möglich dichtmachen und alles andere laufenlassen.

Das ist auch genau das, was hinter Antes' Forderungen steckt.

Allerdings bedeutet dieses Vorgehen eben auch, dass man mehr Opfer in Kauf nimmt.

Also mehr Tote für mehr Freiheit.

Ganz einfach.

Und das wiederum bedeutet, dass irgendjemand festlegen muss, wie viel Tote ihm diese oder jene Freiheit wert ist.

Das führt dann dazu, dass jeder für sein Gebiet entsprechende Freiheiten einfordert.

Die Schulpsychologen, weil sie sich um die seelische Gesundheit der Kinder sorgen.

Die Gastronomen, weil sie sonst pleitegehen.

Und nicht zuletzt die Frommen, weil sie …

Ja, warum eigentlich die Frommen?

Dazu kommen wir natürlich noch.

Vorher noch ein weiteres Beispiel dafür, dass evidenz-basiertes Arbeiten in einer Pandemie ihre Tücken hat.

Es ist bekannt, dass Menschen aus dem Migrantenmilieu besonders gefährdet waren.[42]

Das hat verschiedene Ursachen.

Sprachschwierigkeiten und Bildungsferne zum Beispiel.

Aber auch teilweise prekäre Wohnsituationen.

Das sah man unter anderem bei einem sogenannten *Cluster-Ausbruch* in der Fleischfabrik von *Clemens Tönnies*.[43]

---

[42] Deutschlandfunkkultur: Migranten und Corona
https://www.deutschlandfunkkultur.de/migranten-und-corona-100.html
[43] Tagesschau: Ausbruch bei Tönnies
https://www.tagesschau.de/inland/toennies-coronainfektionen-guetersloh-101.html

Hier geht es übrigens nicht um klassische Migranten.

Aber überwiegend um Gastarbeiter aus Osteuropa.

Während bei Tönnies offenbar auch die erforderliche Hygiene nicht gewährleistet wurde, war ein weiterer Grund für den Ausbruch eben auch die beengte Wohnsituation der Arbeiter.

Auch hier wurde also im Verlauf der Pandemie eine besonders gefährdete Gruppe identifiziert.

Aber was dann tun?

Es gab noch keine Schnelltests.

Sollte man jetzt diese sozial Schwachen wegsperren?

Und alle anderen laufenlassen?

Oder alle laufenlassen und damit mehr Tote in Kauf nehmen?

Professor Ullrich redete von *Slums*, in denen das beschriebene Problem besonders groß war.

Aber hat er irgendeine Lösung aufgezeigt?

Natürlich nicht.

Professor Ullrich behauptet außerdem, bei Tönnies sei *keiner* krankgeworden.

Auch das stimmt nicht.[44]

Davon abgesehen musste damals eben auch befürchtet werden, dass das Virus breitflächig auf die Bevölkerung überspringt.

Was mit konsequenter Quarantäne vermieden wurde.

Ich hoffe jetzt, einigermaßen verständlich erläutert zu haben, warum das sogenannte evidenz-basierte Vorgehen zwar auf der einen Seite sinnvoll sein kann, auf der anderen jedoch schlichtweg Menschenleben kostet.

Die eine Ausnahme diesbezüglich wäre ein Vorgehen wie in Südkorea.

Dort hat man mit Warn-Apps und GPS-Daten das Infektionsgeschehen überwacht.

So konnte man jeweils schnell reagieren.

Und kontrollieren, ob die Quarantäne eingehalten wird.

---

[44] Deutschlandfunk: Infizierte bei Tönnies
https://www.deutschlandfunk.de/covid-19-was-aus-den-infizierten-bei-toennies-wurde-100.html

Das ist irgendwann sogar den digitalfreundlichen Südkoreanern zu viel geworden.

Beispielsweise haben sich schließlich Homosexuellenverbände beschwert, dass man nachvollziehen konnte, wo sich die Leute jeweils aufgehalten haben.

In Deutschland wäre ein so konkretes Bewegungsmonitoring ebenso sinnvoll wie undenkbar.

Wenn Du das immer noch anders siehst, nachfolgend ein letzter Versuch:

Wenn es klar ist, dass all die Vorbehalte gegen die staatlichen Maßnahmen, seien es Masken, Kirchenschließungen oder Singverbote, überwiegend mit der geringen Wahrscheinlichkeit einer Erkrankung oder eines Todes begründet werden:

Dann heißt das doch im Umkehrschluss nichts anderes, als dass man bereit ist, für diese oder jene Freiheit eine bestimmte Zahl an Opfern zu akzeptieren.

(Ich weiß, ich wiederhole mich diesbezüglich ständig; aber das ist es nun mal, worum es sich hier zu einem großen Teil dreht!)

Warum also überträgst Du dieses Prinzip nicht mal auf Dein eigenes persönliches Leben?

Beispielsweise, indem Du sagst, die Befreiung von der Maske ist mir so viel wert, dass ich das Ableben eines meiner Arbeitskollegen oder eines der Nachbarn in meinem Neubaugebiet in Kauf nehme.

Oder einen Todesfall in fünf christlichen Gemeinden in der Umgebung.

Nichts anderes ist das, was die Evidenz-Basierten wollen!

Damit weiter zu den einzelnen Maßnahmen.

Vorweg nehmen kann ich etwas, das die Leugner, insbesondere jedoch die mehr oder weniger Unsicheren, ziemlich überraschen und Erstere womöglich sogar ärgern wird.

Nämlich, dass die wesentlichen bekannten Schutzmaßnahmen gegen das Corona-Virus *allesamt* sehr wirksam waren.

Vor allem, wenn man die vorherigen drei Punkte bei der Beurteilung mitberücksichtigt.

Und sie waren auch juristisch einwandfrei.

Was sollen sie denn auch sonst sein, wenn im Deutschen Grundgesetz ganz weit vorne steht, dass jeder Mensch ein Recht auf Leben hat?

Die Ausnahmen hiervon betreffen lediglich kleinere regionale Überzeichnungen, beispielsweise im Saarland oder in Bayern.[45] [46]

Und die wurden folgerichtig auch von den Gerichten wieder einkassiert.

Ansonsten war alles nicht nur gesetzeskonform, sondern hat schlicht und ergreifend Leben gerettet.

Und zwar nach dem Sandsack-Prinzip.

Also indem alle Maßnahmen gemeinsam den Erfolg bringen, nicht eine allein.

Die Impfung hatten wir ja schon.

Kommen wir nun zu den Masken.

---

[45] Saarbrücker Zeitung: Corona Saarland
https://www.saarbruecker-zeitung.de/saarland/landespolitik/gericht-im-saarland-kippt-corona-kontaktbeschraenkungen-bei-angehoerigen_aid-55786707
[46] Tagesschau: Corona Bayern
https://www.tagesschau.de/inland/corona-massnahmen-urteile-101.html

06.04 Die Masken

Diese hatten einen großen Anteil an der Virusbekämpfung.

In dem Zusammenhang waren die Beschwerden der Leugner mit das Absurdeste dessen, was sie überhaupt abgesondert haben.

Als die Diskussion um die Masken aufkam, hat sich jeder erfahrene Asienreisende an den Kopf gefasst.

In Ostasien, einer sehr Epidemie-erfahrenen Region, gehören Masken seit vielen Jahren zum ganz normalen Straßenbild.

Und jedem Laien erschien es völlig logisch, dass ein Stück Stoff, das das Atmen erschwert, sicherlich auch irgendwelchen Tröpfchen oder Aerosolen das Durchkommen verleidet.

Das haben zwangsläufig auch unzählige Studien bestätigt.[47] [48]

Aber natürlich hatten auch hier die Leugner ihre Kronzeugen, die das genaue Gegenteil behaupteten.

In diesem Fall war es unter anderem *Harald Walach*, der eine angebliche *Studie* präsentierte, die die Schädlichkeit der Maske belegen sollte.[49]

Diese Studie wurde flugs wieder zurückgezogen, weil sie den wissenschaftlichen Ansprüchen nicht genügte.

Das war den Leugnern natürlich egal.

Sie erzählten denselben Unsinn weiter.

Und tun es bis heute.

Dann kam noch die berühmte *Cochrane-Studie*.

Die sollte angeblich nachgewiesen haben, dass die Maske keinerlei Einfluss auf das Infektionsgeschehen hatte.

Dass die Autoren der Studie das selbst so gar nicht sagen wollten, hat natürlich ebenfalls keinen der Querdenker interessiert.[50]

---

[47] MDR: Die Wirksamkeit von Masken
https://www.mdr.de/wissen/masken-verhindern-corona-ansteckung-wissenschaftliche-nachweise-evidenz-102.html
[48] Business Insider: Ohne Maske hundertprozentige Wahrscheinlichkeit einer Ansteckung
https://www.businessinsider.de/wissenschaft/gesundheit/ungeimpfte-stecken-sich-in-fuenf-minuten-mit-corona-an-zeigt-studie-a/
[49] Tagesschau: Walach, Studie Masken
https://www.tagesschau.de/faktenfinder/kinder-masken-studie-103.html
[50] ZDF: Cochrane-Studie, Masken
https://www.zdf.de/nachrichten/panorama/corona-masken-nutzen-infektion-100.html

Auch hier konnte man übrigens sehr gut per Selbstexperiment herausfinden, wo man mit der Maske dran ist.

Nämlich, indem man ganz einfach die Augen aufhielt, im Supermarkt oder sonst wo.

Und dann feststellen konnte, dass das Ding zwar unbequem ist und die Brille beschlägt, dass es aber ganz einfach überhaupt nicht so ist, dass die Leute reihenweise wegen Sauerstoffmangel umfallen.

Auf der anderen Seite ist natürlich auch klar, dass die Masken nur dann optimal schützen, wenn es die richtigen sind und wenn sie richtig getragen werden.

Beispielsweise ist es laut Experten so, dass Luft sich generell den Weg des geringsten Widerstandes sucht.

Und wenn dann eine FFP2-Maske nicht sauber anliegt, wird der Schutz zunichtegemacht.

Und das war viel zu oft der Fall, wie man gesehen hat.

Davon, dass einige die Maske sogar unterhalb der Nase getragen haben, gar nicht zu reden.

Das heißt im Klartext, die Maske hat nicht das gebracht, was sie hätte bringen können.

Aber sie *hat* etwas gebracht.[51]

Und jetzt menschliches Fehlverhalten heranzuziehen, um eine eigentlich sinnvolle Maßnahme abzulehnen, ist unsinnig.

Weiter zum Lockdown.

---

[51] MDR: Haben Masken etwas gebracht?
https://www.mdr.de/wissen/mensch-alltag/neue-studie-masken-verringern-ansteckung-coronavirus-106.html

06.05 Der Lockdown

Der würde nichts bringen, tönte es landauf, landab.

Dass ein Lockdown bei einem Virus, das sich durch menschliche Kontakte verbreitet, *zwangsläufig* etwas bringen *muss*, darauf kamen die Leugner nicht.

Und präsentierten den nächsten *Experten*.

Diesmal war es *John Ioannidis* von der berühmten *Stanford University*.

Auch der war schon vorher als ausgewiesener Corona-Verharmloser aufgefallen.[52]

Nun veröffentlichte er eine Studie, wonach Lockdowns angeblich nichts bringen.

Dass diese vermeintliche Studie überhaupt keine echte Aussagekraft besaß, sagte sogar der erwähnte vehemente Kritiker Gerd Antes.[53]

Das war den Leugnern, die Ioannidis jetzt priesen, aber völlig egal.

Dass Ioannidis hier Länder in einen Topf geworfen hat, die hinten und vorne nicht vergleichbar sind, ebenfalls.

Ich hatte das große Vorrecht, in meinem privaten und beruflichen Leben mindestens 35 Länder bereisen zu dürfen.

Und ausgerechnet in zwei Ländern aus der besagten Studie war ich sehr oft.

Nämlich in Schweden und Südkorea.

Somit hatte ich Gelegenheit, die Kultur dieser Länder wenigstens ansatzweise kennenzulernen.

Und deshalb war mir im Vorhinein völlig klar, dass der Umgang mit dem Corona-Virus in keiner Weise mit dem Vorgehen hierzulande verglichen werden kann.

---

[52] Frankfurter Allgemeine: Ioannidis, Corona
https://www.faz.net/aktuell/wissen/forscher-john-ioannidis-verharmlost-corona-und-provoziert-17290403.html
[53] Süddeutsche: Ioannidis Studie Lockdown
https://www.sueddeutsche.de/gesundheit/coronavirus-massnahmen-studien-stanford-john-ioannidis-lockdown-1.5187909

Dass Ioannidis dann für Schottland noch eine Letalität, also Infektionssterblichkeit, errechnet hat, für die das Land gar nicht genügend Einwohner hat, war dann nur noch das Sahnehäubchen auf seine Expertise.

Aber auch das war und ist, Du ahnst es, den Leugnern vollkommen schnuppe.

Und obendrein hatte Ioannidis eigentlich auch nur die Unterschiede zwischen leichterem und härterem Lockdown überprüft.

Das fiel in der Beurteilung der hiesigen Corona-Experten aber komplett unter den Tisch.

Was ein Lockdown tatsächlich bewirkt, konnte man – wieder einmal – sehr schön gerade in Deutschland sehen.

Von Januar bis März 2021 fiel wie erwähnt die Zahl der täglichen Corona-Todesopfer von über zwölfhundert auf unter dreihundert.

Die Reduzierung lag nicht am Wetter.

Das war in diesem Winter lange kalt.

Es lag nicht am verbesserten Schutz der Pflegeheime.

Der lief zu dieser Zeit erst ganz langsam an.

Es gab in der fraglichen Zeit lediglich zwei Änderungen bei den Rahmenbedingungen.

Einmal die Einführung der Impfung.

Die war ja am 27. Dezember 2020.

Jetzt muss man aber jeweils die Zeit berücksichtigen, die es braucht von der Infektion über das Krankwerden bis zum Tod.

Außerdem erfolgten die Meldungen der Sterbefälle jeweils um etwa drei Wochen versetzt.

Das heißt, die Impfung kann hier nicht den entscheidenden Einfluss gehabt haben.

Zumal ja bekanntlich und wie schon erwähnt die Wut damals groß war, weil das Ganze so schleppend anlief.

Nein, die einzige wirksame Änderung war der Übergang vom *Lockdown Light*, dem sogenannten *Wellenbrecher-Lockdown*, zum härteren Lockdown Mitte Dezember 2020.[54]

---

[54] Noerr: Lockdown
https://www.noerr.com/de/insights/bundesweiter-lockdown-ab-16-dezember

Sonst nichts.

Und diese Maßnahme, in Verbindung mit einem unbestimmbaren Anteil der Impfung, hat dann neunhundert Menschenleben am Tag gerettet.

Und dann kommen irgendwelche Leute daher und behaupten steif und fest:

"Lockdown bringt nichts."

Das zum Lockdown.

Oder vielleicht noch nicht ganz.

Denn dieser sorgt, wie auch Epidemiologen bestätigen, teilweise sogar für eine geringere Sterblichkeit diesseits von Corona.

Nämlich unter anderem aufgrund weniger Grippe- oder Verkehrsopfer.[55]

Das soll es aber jetzt zu den Schutzmaßnahmen gewesen sein.

Zumindest fast.

Denn zwei Ausnahmen hätte ich noch.

Zwei Fälle, wo es tatsächlich ein Totalversagen der Verantwortlichen gab.

Erstens:

---

[55] Pharmazeutische Zeitung: Covid ist schlimmer als Lockdown
https://www.pharmazeutische-zeitung.de/covid-19-ist-schlimmer-als-jeder-lockdown-127035/

06.06 Die Pflegeheime

Die tragischen Geschehnisse im Hanns-Lilje-Heim hatten wir ja schon benannt.

Und auch die Schwierigkeiten bei der evidenz-basierten Virusbekämpfung.

Es war also klar, dass die Heimbewohner extrem gefährdet sind.

Also hat man die Heime komplett abgeschottet.

Das hat dann dazu geführt, dass viele Bewohner in absoluter Einsamkeit leben und teilweise sterben mussten.

Dabei hatte die Tübinger Ärztin *Lisa Federle* schon unmittelbar nach Beginn der Pandemie die rettende Idee.[56]

Nämlich, indem sie alle, die ein Heim besuchen wollten, getestet hat.

Anfangs sogar auf eigene Kosten.

Und was haben die Regierenden daraufhin getan?

Weitergeschlafen.

Bis flächendeckend Schnelltests verfügbar waren, war das Jahr zu Ende und waren viele Menschen einsam gestorben.

Das ist eine Schande und außerdem typisch deutsch.

Allerdings war klar, dass man, wenn man schon nicht mit Schnelltests arbeiten konnte, die Heime entsprechend abschotten musste.

Ein Bekannter, der selbst ein solches Heim leitet, antwortete auf meine entsprechende Frage:

"Was hätten die denn anders machen sollen?"

Zweitens:

---

[56] NZZ: Lisa Federle
https://www.nzz.ch/wissenschaft/coronavirus-lisa-federle-hat-in-tuebingen-truch-auf-tests-gesetzt-ld.1598483

06.07 Die Schulen und Kitas

Hier ist ebenfalls geschlafen worden, dass es der sprichwörtlichen Sau graust.

Denn sehr früh war klar, dass man erstens Distanzunterricht ermöglichen muss und zweitens Luftreinigungssysteme eine Menge helfen würden.

Der Distanzunterricht scheiterte an vielen Stellen an der fürchterlichen Digitalisierung im Land.

Man muss sich das auf der Zunge zergehen lassen:

In Estland kann man außer Heirat, Scheidung und Immobilienkauf alles digital erledigen.[57]

In deutschen Gesundheitsämtern wird *gefaxt*.

Und in den Schulen sah es vielerorts nicht anders aus.

Was die Luftreinigungssysteme betrifft, so war die Sache zwar im Frühjahr klar.

Getan wurde jedoch nichts.

Entschieden auch nicht.

Dann kamen die Sommerferien.

Dann waren die Sommerferien vorbei.

Und es war nichts passiert.

Und die Kinder stolperten gleich wieder in den nächsten Lockdown.

Totalversagen halt.

Wo wir gerade dabei sind, nachfolgend noch ein paar Worte zu Schul- und Kita-Schließungen.

Allerdings fällt wohl auch das, was ich dazu sage, etwas anders aus als von Dir vielleicht erwartet.

Anfang 2023 sagte *Karl Lauterbach*, im Nachhinein betrachtet seien Schul- und Kita-Schließungen unnötig oder ein Fehler gewesen.[58]

---

[57] Nachrichten AT: Estland digital
https://www.nachrichten.at/oberoesterreich/Heirat-und-Scheidung-das-geht-noch-nicht-digital.art4.3000974
[58] Spiegel: Lauterbach Schul- und Kita-Schließungen
https://www.spiegel.de/panorama/bildung/lauterbach-sieht-schulschliessungen-im-rueckblick-kritisch-a-74fdfc14-57eb-4770-81b6-074a74bb5de8

Ähnlich äußerte sich auch *Lothar Wieler*, der damalige Präsident des Robert-Koch-Instituts.

Auch diese Aussagen wurden natürlich in der Leugner-Szene frenetisch gefeiert.

Denn die hatten es ja immer gewusst.

Und so weiter und so fort.

Jetzt könnte ich wieder den Spruch bringen, dass man hinterher immer schlauer ist.

Tue ich aber nicht.

Sondern widerspreche Lauterbach und Wieler.

Lauterbach hatte sich bei seinen Aussagen auf eine Studie bezogen, die das RKI gemeinsam mit dem *Deutschen Jugendinstitut* durchgeführt hat.[59] [60]

Diese hat die Auswirkungen der Pandemie auf Kita-Kinder untersucht.

Wenn man den verlinkten Abschlussbericht tatsächlich liest, stellt man zunächst fest, dass darin von *unnötig* rein gar nicht die Rede ist.

Vor allem jedoch steht da kein Wort drin dahingehend, dass die Kinder furchtbar traumatisiert seien.

Originalzitat von Seite 61:

"Mit Blick auf die elterliche Einschätzung zur Frage, wie gut das Kind mit der Pandemiesituation zurechtkommt, wird deutlich, dass die in der Elternbefragung erfassten Kinder insgesamt gut mit der Situation im Zeitraum November 2020 bis August 2021 zurechtkamen. Allerdings ist vor allem im Zeitraum der zweiten und dritten Kita-Schließungen ein leichter Rückgang des kindlichen Wohlbefindens zu beobachten."

Darauf kommen wir gleich nochmal gesondert zurück.

Zunächst aber wieder zu der Frage, ob Schließungen unnötig waren.

Vorab noch der Hinweis, dass man bei der Frage zu Schulen und Kitas vorsichtig sein muss.

---

[59] RKI: Kita-Studie
https://www.rki.de/DE/Content/InfAZ/N/Neuartiges_Coronavirus/Projekte_RKI/KiTaStudie.html
[60] DJI: Kita-Studie
https://www.dji.de/veroeffentlichungen/aktuelles/news/article/abschlussbericht-der-corona-kita-studie-liegt-vor.html

Denn da läuft man schnell Gefahr, Dinge durcheinanderzuwerfen und nicht zwischen beiden Einrichtungen zu unterscheiden.

Bezogen auf die Kitas war es so – und das war wohl auch der Grund für Lauterbachs Aussage –, dass diese in einem bestimmten Zeitraum zu *9,6 Prozent* am Infektionsgeschehen beteiligt gewesen sind.

Dazu wäre noch zu sagen, dass hier nur eine vergleichsweise kleine Anzahl Kitas ausgewertet wurden.

Ob die Ergebnisse also repräsentativ sind, ist die Frage.

Aber egal.

9,6 Prozent.

Gleichzeitig wurde ermittelt, dass *53,3 Prozent* der Infektionen in der privaten, häuslichen Umgebung stattfanden.

Da stellen sich dann sofort zwei weitere Fragen:

Erstens, sind knapp zehn Prozent wirklich so wenig, wenn man daraus per Milchmädchenrechnung ableiten könnte, dass diese für etwa 17.300 Todesfälle in Deutschland verantwortlich gewesen wären?

Wie gesagt, das ist eine Milchmädchenrechnung ohne Anspruch auf Genauigkeit.

Aber irgendwo über Null wird die Wahrheit schon liegen.

Zweitens:

Wie kommt das Virus eigentlich in die private, häusliche Umgebung?

Mit der Post?

Über WLAN?

Oder vielleicht zum Teil auch durch Kinder und Schüler, die es mit nach Hause bringen?

Diese Frage kann man nicht präzise beantworten, weil bei einem unsichtbaren Virus, das sich auch noch teilweise symptomlos verbreitet, die Infektionskette nur sehr schwer nachzuverfolgen ist.

Für mich jedenfalls klingen diese Zahlen nicht nach *unnötig*.

Hinzu kommt, dass in bestimmten Pandemiephasen die Kinder und Schüler nachgewiesenermaßen großen Anteil am Infektionsgeschehen hatten.[61]

Was man unter anderem an der Zahl der Erkrankungen sehen konnte.[62]

Oder dass die Schließungen signifikanten Anteil an der jeweiligen Reduzierung hatten.

Christian Drosten sagt dazu, in der zweiten Phase seien die Schulschließungen das *Zünglein an der Waage* gewesen.

Zur Wahrheit gehört an dieser Stelle allerdings auch, dass Drosten sagt, in der ersten Welle hätten seiner Ansicht nach lokale Schließungen ausgereicht.[63]

In diesem Zusammenhang können wir gleich mit einem weiteren Unsinn aus dem Lager der Leugner aufräumen:

Wir hatten ja beim Betrachten des Themas *Evidenz* schon darüber nachgedacht, wie das denn wäre mit dem ausschließlichen Schützen der Risikopersonen.

Dazu noch eine weitere Zahl:

Man hat wie schon erwähnt ermittelt, dass mehr als zwanzig Millionen Deutsche zur sogenannten Hochrisikogruppe gehören.[64]

Also zu den Menschen, bei denen ein schwerer Verlauf bis hin zum Tod befürchtet werden musste.

Da dürfte klar sein, dass viele von diesen Menschen *(noch)* im Arbeitsleben stehen.

Denn die Zahl der über Fünfundsechzigjährigen im Land liegt niedriger.

Auch hier wird also deutlich, dass der Slogan *Schützt die Risikogruppen und fertig!* nicht verfängt und schlichtweg unsinnig ist.

---

[61] News4Teachers: Schulen Infektionsrisiko
https://www.news4teachers.de/2022/12/also-doch-pandemie-studie-zeigt-auf-lehrkraefte-und-schueler-waren-hoeherem-infektionsrisiko-ausgesetzt/
[62] News4Teachers: Schulen treiben die Pandemie an
https://www.news4teachers.de/2022/02/immer-mehr-kinder-muessen-wegen-corona-symptomen-zum-arzt-drosten-schulen-treiben-derzeit-die-pandemie-an/
[63] Merkur: Drosten Schulschließungen
https://www.merkur.de/politik/coronavirus-christian-drosten-schule-politik-charite-berlin-schulschliessungen-91111985.html
[64] Spiegel: 21,6 Millionen gehören zur Hochrisikogruppe
https://www.spiegel.de/wissenschaft/mensch/coronavirus-21-6-millionen-menschen-in-deutschland-gehoeren-zur-hochrisikogruppe-a-57569da1-588e-4541-93f0-c9ea9da4526d

Jetzt aber zu dem Punkt, warum Lauterbach und andere zu dem Schluss kommen, die Schul- und Kita-Schließungen seien falsch gewesen.

Nämlich der Frage, wie stark die mit den Einschränkungen verbundene Isolation den Kindern und Jugendlichen *wirklich* seelisch geschadet hat.

Die Einschätzung aus der Kita-Studie haben wir ja schon gesehen.

Und wenn Du ehrlich bist, lieber Leser, und Dich in Deinem Umfeld, vielleicht Deiner Gemeinde umschaust, wirst Du zugeben müssen, dass erstens die Zahl derer, die durch Lockdowns seelisch stärker belastet waren, ziemlich gering ist.

Und dass zweitens diese Schäden nicht gerade so gravierend sind, dass sie die Kinder total umgehauen hätten.

Trotzdem wäre das Letzte, was ich will, diese Dinge kleinzureden.

Natürlich gab es diese Traumata.

Ganz besonders gab es sie bei Kindern aus prekären Verhältnissen.

Aus sozial schwachen und bildungsfernen Familien.

Bernd Siggelkow, Gründer der *Berliner Arche*, kann ein Lied davon singen.

Oder alternativ ein Buch darüber schreiben.

Was er auch getan hat.[65]

Allerdings sollten auch hier ein paar Dinge beachtet werden.

Beispielsweise, dass die zunehmende Digitalisierung und Technisierung echte soziale Kontakte für viele Kinder und Jugendliche obsolet macht – nicht, dass ich das gut fände!

Oder dass die Isolation gerade Kindern und Jugendlichen, die stark unter dem Druck in Kita oder Schule leiden, sogar zugutekam.

Und dass es außerdem so ist, dass Kinder und Jugendliche nicht nur unter Isolation litten, sondern auch daran, dass sie liebe Verwandte verloren haben.

---

[65] Sonntagsblatt: Siggelkow Corona
https://www.sonntagsblatt.de/buchtipp/bernd-siggelkow-durch-corona-werden-benachteiligte-kinder-abgehaengt

Das haben die Leugner zu keiner Zeit auf dem Schirm gehabt.

In ihren Sonntagspredigten hieß es, man müsse die durch den Lockdown traumatisierten Kinder in die Gemeinden einladen.

Von den Kindern, die Papa oder Opa verloren haben, war nie die Rede.

Kannst Du nachhören.

Empathie und Mitgefühl *für alle* bei den *Predigern gegen Corona*? Ich habe nichts davon gehört.

Zum Thema Schul- und Kita-Schließungen kann sich letztlich jeder seine eigene Meinung bilden.

Allerdings bleibt unterm Strich eine Tatsache bestehen:

Nämlich, dass auch diese Frage eine Abwägung bedeutet zwischen *wahrscheinlichen* Todesfällen und *eventuellen*, wie auch immer gearteten psychischen Beeinträchtigungen.

Abschließend empfehle ich Dir zu den Schulschließungen die lesenswerte Zusammenfassung von *Markus Grill*.[66]

---

[66] Markus Grill: Schulschließungen
https://www.markusgrill.eu/2022/02/10/schulschliessungen-in-der-pandemie-eine-rekonstruktion/

06.08 Das Fazit:

Keine einzige der wesentlichen Schutzmaßnahmen gegen das Corona-Virus hat sich als unwirksam erwiesen.

Vor allem dann nicht, wenn man bedenkt, wie die Rahmenbedingungen aussahen, und außerdem berücksichtigt, dass die Verantwortlichen gesetzlich gehalten sind, dem Schutz des Lebens und der Gesundheit höchste Priorität einzuräumen.

Natürlich sind Fehler gemacht worden.

Aber kein einziger davon stellt erstens die Gefahr durch das Virus oder zweitens die Notwendigkeit von Maßnahmen in Frage.

Und generell sollte man mal kurz innehalten und sich darüber klarwerden, dass die Verantwortlichen einen Spagat bewältigen mussten zwischen dem Schutz des Lebens einerseits und der Aufrechterhaltung des sozialen und wirtschaftlichen Lebens andererseits, den ein Mensch überhaupt nicht bewältigen *kann*!

Damit sollten wir die wesentlichen Fakten der Corona-Pandemie ausreichend beleuchtet haben.

Ab dem folgenden Kapitel geht es dann um den Umgang der Menschen, vornehmlich der Christen, mit der Pandemie.

07 Die Argumente der Querdenker

An dieser Stelle möchte ich noch einmal kurz aufzeigen, was die Leugner im Verlauf der Pandemie im Wesentlichen von sich gegeben haben.

Fangen wir gleich mit einem Klassiker an.

07.01 Die Grippe

Das Argument:

"Corona ist (harmlos) *wie Grippe."*

Was man damit sagen wollte:

Keine Notwendigkeit für Schutz- oder Zwangsmaßnahmen.

Antwort:

Falsch!

Dass das Corona-Virus viel gefährlicher ist als die normale Influenza, war sehr schnell klar.

Das lag einerseits an der Aggressivität, mit der es sich verbreitet.

Und zweitens daran, dass es sehr viel mehr im Körper eines Menschen anrichtet, als es die Grippe tut.[67]

07.02 Die Grippewelle 2017/18

Das Argument:

"Im Winter 2017/18 gab es 25.000 Grippetote. Damals wurde auch nichts unternommen. Warum heute wegen Corona?"

Was man damit sagen wollte:

Maßnahmen nicht nötig.

Antwort:

Falsch!

Erstens, das aber nur nebenbei, waren in besagtem Winter exakt 1.674 Menschen offiziell als Grippe-Opfer registriert.[68]

---

[67] Helios: Corona vs. Grippe
https://www.helios-gesundheit.de/magazin/corona/news/corona-versus-grippe-was-ist-gefaehrlicher/
[68] Berliner Morgenpost: Grippewelle 2017/18
https://interaktiv.morgenpost.de/grippe-monitor-deutschland/

Der Rest basiert auf einer Schätzung anhand der Übersterblichkeit.

Zweitens, und das ist entscheidend, ist es vollkommen hanebüchen, gegen eine neue Bedrohung nichts zu tun, weil man gegen eine vorherige auch nichts getan hat.

Das einzig Sinnvolle wäre, *jetzt* etwas zu tun und im Fall einer neuerlichen Bedrohung durch die Grippe *ebenfalls* etwas zu unternehmen.

Im Übrigen gibt es bekanntlich seit langer Zeit eine Grippeimpfung.

07.03 Die Risikopersonen

Das Argument:

"Man sollte die Risikopersonen schützen und gut."

Was man damit sagen wollte:

Leute im Heim isolieren und den Rest laufen lassen.

Antwort:

Falsch!

Warum diese Forderung unsinnig war, wurde schon erläutert.

07.04 Die Panikmache

Das Argument:

"Die ständigen Horrorszenarien, was das Virus angeblich anrichten könnte, sind nie eingetroffen. Auch die Intensivstationen waren nie überlastet."

Was man damit sagen wollte:

Man hätte sich die Zwangsmaßnahmen sparen können, weil es so schlimm nicht war.

Antwort:

Falsch – mit einer Ausnahme.

Wenn man beschreibt, was eine Bedrohung bewirken kann, skizziert man immer das sogenannte *Worst-Case-Szenario.*

Also das, was im schlimmsten Fall passieren kann, wenn man nichts dagegen tut.

Und das eben so nicht eintrifft, *wenn* man etwas dagegen tut.

Dass es teilweise wirklich knapp war, ist bekannt.

Und auch, dass das Gesundheitssystem mit Sicherheit tatsächlich kollabiert wäre, hätte man das Virus einfach durchlaufen lassen.

So ist es beispielsweise regional in Ansätzen zu dem gekommen, was man *Triage* nennt.

Nämlich, dass Patienten in andere Krankenhäuser geflogen werden mussten, weil die Kapazitäten erschöpft waren.[69]

Die Ausnahme besteht darin, dass die Verantwortlichen vermutlich durchaus einige Male übertrieben haben, was die Bedrohung angeht.

Dafür gab es sogar eine Empfehlung des Innenministeriums.[70]

Allerdings geht aus dem Artikel auch klar hervor, warum man das tun wollte.

Nämlich aufgrund der Befürchtung, dass einige die Bedrohung nicht ernst genug nehmen würden.

Im Klartext:

In unserem Land gibt es eine nicht zu unterschätzende Zahl von Menschen, die so dumm, bildungsfern und renitent sind, dass man sie mit Fakten und Argumenten schlichtweg nicht mehr erreicht.

Diese Zahl ist schlicht zu hoch, als dass man sie in einer Situation wie einer Pandemie einfach mitlaufen lassen könnte.

Und damit diese Leute mitspielen, sahen einige sich offenbar gezwungen, das Thema aufzupumpen.

Das ist zwar Manipulation, die grundsätzlich abzulehnen ist.

Wenn man aber bedenkt, was auf dem Spiel steht, ist es auch ein wenig verständlich.

Zum Thema Panikmache noch ein paar weitere Gedanken:

---

[69] RND: Triage
https://www.rnd.de/politik/bundeswehr-fliegt-corona-patienten-aus-intensivstationen-am-limit-UF27HLNBC5R73DELI-TYUWKR5A4.html
[70] Focus: Den Deutschen sollte Angst gemacht werden
https://www.focus.de/politik/deutschland/aus-dem-innenministerium-wie-sag-ichs-den-leuten-internes-papier-empfiehlt-den-deutschen-angst-zu-machen_id_11851227.html

07.05 Die Angst

Ein christlicher Kolumnist veröffentlichte einen Artikel auf Facebook, in dem er erklärte, Christen bräuchten angesichts Corona keine Angst zu haben.

Das begründete er einerseits mit dem Hinweis auf Gott, der alles in Seiner Hand hält.

Was richtig war.

Er begründete es andererseits mit dem Verweis auf die vorliegenden Pandemiezahlen und die geringe Wahrscheinlichkeit, an dem Virus zu erkranken oder zu sterben.

Was kompletter Unsinn war.

Wenn es um ein Virus geht, *das jeden Menschen in jeder Sekunde seines sozialen Lebens erwischen, ihn leicht krankmachen, schwer krankmachen, ihm schwere Folgeschäden bescheren oder gar töten kann,* dann ist die Frage nach Angst oder Panik erstens total unsinnig und zweitens eine Frage der jeweiligen Persönlichkeit.

Diesbezüglich gibt es gerade unter konservativen Christen oftmals leichte Missverständnisse, wenn es um Gefühle wie eben Angst geht.

Vor einiger Zeit hatte ich die Freude, einen Glaubensbruder kennenzulernen, der einen Blitzschlag überlebt hat.[71]

Sein bester Freund kam dabei ums Leben.

Nun ist die Wahrscheinlichkeit, vom Blitz getötet zu werden, extrem gering:

Pro Jahr sterben dabei in Deutschland durchschnittlich vier Menschen.[72]

Aber wer von uns würde bei einem akuten Gewitter über ein offenes Feld rennen, wenn er seine Sinne noch einigermaßen beisammen hat?

---

[71] YouTube: Vom Blitz getroffen
https://www.youtube.com/live/BTcg3RUwce0?feature=share
[72] Augsburger Allgemeine
https://www.augsburger-allgemeine.de/panorama/wie-wahrscheinlich-ist-es-vom-blitz-getroffen-zu-werden-und-kann-man-es-ueberleben-id67537141.html

Oder was würde die vorhin erwähnte Gemeinde, die in Klein-machnow gerade einen neuen Anlauf mit ihrem Open-Air-Gottes-dienst gestartet hat, nachdem der Löwe zum Wildschwein mutiert war, wohl im Fall eines aufziehenden Gewitters tun?

Abbrechen würde sie.

Und das ist schlicht und ergreifend ein Gebot der Vernunft und hat mit Angst allenfalls indirekt etwas zu tun.

Angst ist ein Gefühl, eine Emotion.

Das ist etwas, was man nicht mit einem am Körper versteckten Schalter ein- oder ausschalten kann.

Vor allem nicht *aus*.

Es gibt hier zwei Ebenen.

Einmal die Handlung.

Einmal die Emotion.

Verkürzt ausgedrückt.

Schließlich werden wir ja von der Bibel aufgefordert, zu lieben.

Wir werden aufgefordert, nicht zu zweifeln.

Und wir werden ermutigt, uns nicht zu fürchten.

Das alles hat aber nichts mit dem *Gefühl* zu tun, dass in uns ist.

Wenn wir beispielsweise jemanden lieben sollen, dann beginnt das üblicherweise damit, ihm Liebe zu *erweisen*.

Einen *Liebesdienst*.

Gleichzeitig können wir ihn aber für einen Kotzbrocken halten.

Das entsprechende Gefühl kommt hoffentlich im Nachgang.

Ebenso kann man Zweifel nicht aktiv ausschalten.

Unmöglich.

So ein bisschen weltliche Psychologie muss man schon zulassen.

Insofern:

Wir brauchen keine Angst zu haben.

Aber wegen *Römer 8,28* und nicht wegen Sucharit Bhakdi!

07.06 Die Intensivbettenlüge

Das Argument:

"Man hat die Zahl der Intensivbetten künstlich reduziert, um den Druck bezüglich der Notwendigkeit von Schutzmaßnahmen und Lockdowns zu erhöhen."

Was man damit sagen wollte:

Korrigiert die Zahl der Intensivbetten auf das richtige Maß, dann können wir uns Zwangsmaßnahmen sparen.

Antwort:

Falsch und außerdem zynisch.

Erstens gab es die berühmte Intensivbettenlüge gar nicht.

Die Veränderungen bei der Zählweise oder den Angaben zur Verfügbarkeit wurden jeweils transparent erklärt.

Einmal lag es daran, dass Kinderbetten herausgerechnet wurden.[73]

Und einmal daran, dass es nicht auf die absolute Zahl der verfügbaren Betten ankommt, sondern auf die der verfügbaren Pflegekräfte.[74]

Das interessiert die Leugner natürlich nicht.

Professor Henrik Ullrich wiederholt in seinem besagten Vortrag auch die alte Geschichte, wonach es finanzielle Anreize zur Reduzierung von Intensivbetten gegeben habe.

Die natürlich auch längst entlarvt ist.[75]

Aber auch wenn der Vorwurf zuträfe, änderte er ja nichts am Befund.

Und der lautet, dass das Abarbeiten an der Zahl der Intensivbetten in erster Linie zynisch ist.

Denn dahinter steckt ja die Forderung, bei einer größeren Zahl verfügbarer Intensivbetten auf Maßnahmen zu verzichten.

---

[73] TAZ: Intensivbetten Kinder
https://taz.de/Zu-wenige-BettenOder-doch-eher-zu-viele/!5788931/
[74] Focus: Intensivbetten
https://www.focus.de/gesundheit/coronavirus/von-31-000-auf-24-000-warum-in-elf-monaten-7000-deutsche-intensivbetten-verschwunden-sind_id_13167403.html
[75] Handelsblatt: Finanzielle Anreize zur Reduzierung von Intensivbetten
https://www.handelsblatt.com/politik/deutschland/zew-mannheim-haben-kliniken-betrogen-um-an-coronahilfen-zu-kommen-studie-gibt-klare-antwort/29226532.html

Und damit mehr Menschen für die eigene persönliche Freiheit dem Tod preiszugeben.

Wobei man sagen muss, dass auch die ständigen Verweise der Regierenden auf die Kapazitäten der Intensivstationen nicht nur kurzsichtig, sondern letztlich auch zynisch waren.

Denn auch die legten ja damit, auch wenn die Absicht eine andere war, eine Zahl in Kauf zu nehmender Opfer fest.

07.07 Die Impfung

Das Argument:

"Die Impfung bietet keinen Fremdschutz!"

Was man damit sagen wollte:

Man muss sich nicht impfen lassen.

Ob man sich selbst gefährdet, darf man selbst entscheiden.

Und wenn man andere nicht mit der Impfung schützen kann, kann man es auch gleich lassen.

Antwort:

Falsch!

Erstens ist es vollkommen logisch, dass es einen Fremdschutz gibt, weil die durch die Impfung aktivierten Antikörper das eindringende Virus bekämpfen und schwächen.

Somit wird die Virenlast, die man weitergeben kann, zwangsläufig geringer.

Zweitens haben mehr als genug Studien diesen Fremdschutz bestätigt.

Beispielsweise die sogenannte *Stoppt-Covid-Studie* des RKI.[76]

Ich zitiere:

"Unsere Ergebnisse zeigen, dass eine hohe Impfquote einen stark reduzierenden Effekt auf den R-Wert hatte. Dies führte insbesondere in der älteren Bevölkerung zu einer deutlich schwächeren dritten COVID-19-Welle."

---

[76] RKI: Stoppt-Covid-Studie
https://www.rki.de/DE/Content/InfAZ/N/Neuartiges_Coronavirus/Projekte_RKI/StopptCOVID_studie.html

Ein reduzierter R-Wert heißt, dass ein infizierter Mensch weniger Menschen ansteckt.

Und wenn dieser Wert sich reduziert und die hauptsächliche Änderung der Rahmenbedingungen die Impfquote ist, dann ist klar, dass es zumindest zu einem großen Teil an der Impfung liegen muss.

Der Fremdschutz hängt allerdings, auch das haben Studien herausgefunden, stark vom Zeitpunkt der Impfung ab.

Er lässt also relativ schnell nach.

Außerdem hat sich das Ganze auch durch die Mutationen des Virus verändert.

Am schlechtesten war der Fremdschutz bei der Variante Omikron, solange es noch keinen entsprechend angepassten Impfstoff gab.

Das bestätigt auch eine ganz aktuelle Studie, in der untersucht wurde, wie lange Kinder nach der Infektion mit Omikron ansteckend sind.[77]

Denn darin wurde gesagt, dass die Dauer der Infektiosität vom Impfstatus unabhängig war.

Allerdings wurde *nicht* erwähnt, wie hoch die jeweilige Virenlast gewesen ist.

Zu diesem Thema und zur generellen Wirksamkeit der Impfung sowie ihrer Begrenzungen gibt es einen sehr langen, aber auch sehr lesenswerten Aufsatz von *Anthony Fauci*.

Der war sozusagen der amerikanische Drosten und hat versucht, Donald Trump zur Vernunft zu bringen.

Fauci hat gemeinsam mit *David Morens* und *Jeffery Taubenberger* aufgezeigt, wie das mit den aktuell verfügbaren Impfungen so aussieht.[78]

---

[77] Spiegel: Wie lange sind Kinder ansteckend?
https://www.spiegel.de/gesundheit/diagnose/corona-studie-so-lange-sind-kinder-mit-einer-omikron-infektion-ansteckend-a-7ebb9bc7-a3aa-4a1f-a16c-47f636019884
[78] CellCom: Fauci und Impfung
https://www.cell.com/cell-host-microbe/fulltext/S1931-3128(22)00572-8#%20

Und ich erwähne ihn an dieser Stelle auch deshalb, weil von ihm noch zu reden sein wird, wenn es um die Falschbehauptungen christlicher Corona-Leugner geht.

07.08 Geimpfte auf Intensivstationen

Das Argument:

"Auf den Intensivstationen liegen mehr Geimpfte als Ungeimpfte!"

Was man damit sagen wollte:

Die Impfung taugt nichts!

Antwort:

Falsch!

Denn es ist schlicht logisch, dass sich der Anteil der Geimpften auf Intensivstationen erhöht, je höher die Impfquote in der Gesamtbevölkerung ist.

Außerdem war immer klar, dass es sogenannte Impfdurchbrüche gibt, also Menschen, bei denen die Impfung hauptsächlich aus genetischen Gründen nicht wirkt.

07.09 Die Masken

Das Argument:

"Die Masken bringen nichts und sind schädlich!"

Was man damit sagen wollte:

Weg mit den Masken und der Maskenpflicht.

Antwort:

Falsch, wie bereits im Kapitel Schutzmaßnahmen besprochen.

07.10 Die Todesursache

Das Argument beziehungsweise die Frage:

"Sind die angeblichen Corona-Toten an oder mit Corona gestorben?"

Was man damit sagen wollte:

Da viele der als Corona-Tote deklarierten Menschen ohnehin bald an ihren Vorerkrankungen gestorben wären, musste man wegen Corona nicht so ein Aufheben machen.

Antwort:

Zweifach falsch!

Erstens haben pathologische Befunde weltweit klargestellt, wie hoch der Anteil der Verstorbenen war, bei denen das Corona-Virus die hauptsächliche Todesursache gewesen ist.[79]

Das waren beim sogenannten *Wildtyp* 85 Prozent.

Bei Variante *Alpha* waren es 94 Prozent. Bei *Delta* 82.

Und bei *Omikron* glücklicherweise nur noch 46 Prozent.

In den USA waren es in 2020 92 Prozent.[80] In Italien 89 Prozent.

Zweitens stellt sich die Frage, inwieweit das Virus einem schwer vorerkrankten Menschen sozusagen nur noch den Rest gibt.

Und ob es die Hinterbliebenen eines Verstorbenen tatsächlich tröstet, wenn man ihnen sagt:

Er wäre sowieso in den nächsten Wochen, Monaten oder vielleicht Jahren gestorben.

Dasselbe hätte man dann ja auch Jesus Christus vorwerfen können, als er den Lazarus auferweckt hat.

Warum hast du das getan?

Nur um zu beweisen, dass du es kannst?

Und dabei zu riskieren, dass Martha und Maria irgendwann ein zweites Mal hier stehen und durch das Tal der Tränen gehen?

---

[79] T-Online: Todesursache Corona
https://www.t-online.de/gesundheit/krankheiten-symptome/coronavirus/id_100045898/studie-gibt-hinweise-wer-wirklich-an-corona-verstirbt.html

[80] Correctiv: Todesursache Corona USA
https://correctiv.org/faktencheck/2020/09/07/nein-in-den-usa-sind-nicht-nur-sechs-prozent-der-corona-toten-an-covid-19-gestorben/

Übrigens, das nur zur Klarstellung, hat Jesus den Lazarus nicht nur deshalb auferweckt, weil er es *konnte*.

Wir lesen dazu, dass er bewegt war und weinte.

Das dazu.

Im Übrigen zeigt auch an dieser Stelle das Beispiel Hanns-Lilje-Heim deutlich, wie unsinnig die Frage nach *an oder mit Corona* ist.

Denn es ist völlig egal, falls einige der Siebenundvierzig womöglich *nur mit Corona* gestorben sind.

Denn das ändert nichts an dieser ungewöhnlich hohen Sterbezahl innerhalb kürzester Zeit und der Gesamttragödie.

07.11 Die Tests

Das Argument:

"Die Tests sind unzuverlässig und zeigen zu viel falsch Positive an. Außerdem ist klar, dass es, wenn man viel testet, hohe Inzidenzen gibt!"

Was man damit sagen wollte:

Die Zahlen sind aufgebauscht; es ist alles halb so wild und es besteht kein Grund für Zwangsmaßnahmen.

Antwort:

Falsch!

Die Schnelltests sind nicht präzise, der sogenannte PCR-Test aber sehr.

Das haben nun wirklich mehr als genug Studien ermittelt.[81]

Und man sieht es allein schon daran, dass die ermittelten Inzidenzen in den jeweiligen Pandemiephasen bei gleichem Testaufkommen immer ziemlich gut zu den Hospitalisierungen, den Belegungen auf den Intensivstationen und letztlich den Todesfällen passten.

---

[81] Correctiv: Der PCR-Test
https://correctiv.org/faktencheck/2021/03/23/doch-pcr-tests-weisen-infektionen-nach-und-christian-drostens-doktorarbeit-gibt-es/

07.12 Die Politik

Das Argument:

"Die Politik lügt."

Was man damit sagen wollte:

Die Regierung verbreitet Falschaussagen und verspricht alles Mögliche, um uns gefügig zu machen.

Antwort:

Falsch!

Die erste Frage wäre ja, was die Politik eigentlich mit Zwangsmaßnahmen und Lockdowns erreichen wollte, wenn sie damit nicht Leben retten wollte.

Denn sie machen sich ja dadurch bei ihren Wählern unbeliebt und werden abgewählt.

Ob sie alle von Bill Gates bestochen waren, damit der seine Brühe verkaufen kann?

Vermutlich eher nicht.

Viel kreativer war da die nächste Nebelkerze der Leugner.

Die lautete nämlich, man wolle testen, wie weit man gehen kann, um das Volk zu gängeln.

Als Vorbereitung für den ganz großen Schlag sozusagen.

Den Great Reset.

Den Klaus Schwab gerade vorbereitet.

Zweitens gibt es *die Politik* überhaupt nicht.

Es gibt Regierung und Opposition.

Es gibt mehrere gleichberechtigte Regierungen im Föderalismus.

Es gibt einzelne Politiker in ihren Parteien.

Und alle Politiker sind grundsätzlich immer im Wahlkampf.

Und alle sind sie keine Experten für das, worum es geht.

Bis auf Karl Lauterbach.

Insofern ist es per se unsinnig, die durch die didaktische Reduktion gelaufenen Aussagen von Politikern für bare Münze zu nehmen.

Vor allem dann, wenn sie von Oppositionspolitikern kommen.

Ganz besonders eindrücklich war das bei der FDP zu sehen.

Wolfgang Kubicki wettert – wie auch sein Parteivorsitzender Christian Lindner – seit Anbeginn gegen die Corona-Maßnahmen und stellte insbesondere ihre Verfassungsmäßigkeit in Frage.

Gleichzeitig gab er zu, sich oftmals nicht an die Maßnahmen gehalten und seine eigentlich geschlossene Stammkneipe besucht zu haben.

Wo man Karl Lauterbach als Spacken bezeichnete.[82]

Und das als ausgebildeter Jurist.

Der eigentlich, wenn er schon von Verfassungswidrigkeit spricht, zumindest solange dem Gesetz Genüge tun sollte, bis besagte Verfassungswidrigkeit tatsächlich festgestellt ist.

Noch skurriler ist es bei der AfD.

Also der Partei, die eine magische Anziehungskraft auf unsere christlichen *Prediger gegen Corona* zu haben scheint.

Diese hat nämlich zu Beginn der Pandemie, als die Regierung noch den Schlaf des Gerechten schlief, vehement harte Maßnahmen gefordert.

Um dann ihre Position um hundertachtzig Grad zu verändern, als die Regierung aufgewacht war und tätig wurde.[83] [84]

Aber wen unter ihren Anhängern interessiert das schon?

---

[82] RND: Kubicki nennt Lauterback Spacken
https://www.rnd.de/politik/wolfgang-kubicki-fdp-in-meiner-stammkneipe-heisst-lauterbach-spacken-der-reagiert-bei-twitter-R3SWJDMW65DNFHXB7LA6OSTSLM.html
[83] Süddeutsche: AfD und Corona
https://www.sueddeutsche.de/politik/afd-corona-protest-1.5258941
[84] Das Erste: AfD von Corona kalt erwischt
https://daserste.ndr.de/panorama/archiv/2020/Corona-Krise-AfD-vom-Virus-kalt-erwischt,corona1428.html

07.13 Die totalitären Tendenzen

Wer erinnert sich nicht an die Typen, die auf Demos in Kameras blökten, wir hätten *DDR 2.0* oder *nordkoreanische Verhältnisse* in Deutschland?

Dasselbe behaupteten auch unsere *Prediger gegen Corona.*

Es gebe eine *Corona-Diktatur*, es gebe *tyrannische Maßnahmen*, wetterten sie von ihren Kanzeln herab.

Dabei scheint ihnen total entgangen zu sein, dass bis zum Schluss stabil an die zwei Drittel der Bevölkerung hinter den Maßnahmen der Regierung standen.[85]

Eine Tyrannei mit zwei Dritteln Zustimmung, das hat was, oder?

Interessant daran ist außerdem dreierlei.

Erstens, dass gar niemand auf die Idee kam, die Tatsache, dass man so etwas ungestraft öffentlich behaupten konnte, ohne weggesperrt oder geköpft zu werden, irgendwie so gar nicht für Totalitarismus sprach.

Zweitens, dass spätestens seit Anfang 2022 die ganze Welt sehen konnte, was Diktatur und Totalitarismus *wirklich* bedeutet.

Stichwort *Russland, Katar, Iran, China.*

Du hast ja vielleicht mitbekommen, dass deutsche Polizisten versuchen, die Klimakleber mit *Salatöl* von der Straße zu bekommen.

Da könntest Du doch mal in den Iran gehen und Dich in Teheran auf die Straße kleben.

Allerdings solltest Du damit rechnen, dass die Einsatzkräfte dort kein Salatöl nehmen, um Dich wegzukriegen.

Sondern *Motoröl.*

Und zwar solches für Panzer und Straßenwalzen.

Drittens, dass ausgerechnet Menschen, die in totalitären Systemen wie der DDR oder der Sowjetunion aufgewachsen sind, am vehementesten vor ähnlichen Entwicklungen in der Bundesrepublik Deutschland warnten.

Realitätsfremder geht es nicht.

---

[85] Zeit: Zwei Drittel der Deutschen gegen schnelles Ende der Maßnahmen
https://www.zeit.de/politik/deutschland/2022-12/corona-massnahmen-maskenpflicht-umfrage

Denn gerade diese Menschen müssten eigentlich ein Gespür dafür haben, wie weit unsere Regierungen von jeder diktatorischen Anwandlung entfernt sind.

Roger Liebi sagte kurz vor dem Auslaufen der Corona-Maßnahmen:

"Diejenigen, die von totalitären Tendenzen gesprochen haben, werden in ein Loch fallen, wenn alles wieder normal läuft."

Und genauso ist es gekommen.

Aber haben sie sich in irgendeiner Weise korrigiert?

Nein.

Im Gegenteil.

Dazu später mehr.

07.14 Die Medien

Das Argument:

"Die Mainstreammedien informieren einseitig."

Was man damit sagen wollte:

Die Mainstreammedien zeigen immer nur die eine Seite auf, berücksichtigen die Expertise der Maßnahmenkritiker nicht und sind vermutlich regierungsgesteuert.

Antwort:

Falsch!

Dass die Medien *nicht* einseitig informieren, sieht man schon daran, dass die unsinnigen Behauptungen der Leugner und Schwurbler sich derart verbreiten konnten.

Ansonsten gab es für jeden Geschmack die Möglichkeit, sich umfassend zu informieren.

Deshalb war es beispielsweise auch überhaupt keine Kunst, sowohl die Aussagen Lauterbachs und Drostens zur Pandemie zur Kenntnis zu nehmen als auch die Verlautbarungen Bhakdis und Wodargs.

Einseitiges Informieren gibt es in totalitären Staaten wie Russland.

Einseitiges Informieren in Deutschland ist allein die Entscheidung des Einzelnen.

Es ist sogar so, dass in ein und demselben Medium, in ein und derselben Zeitschrift völlig unterschiedliche Meinungen und Ideologien vertreten werden.

Und dass die *Vierte Gewalt* in unserem Staat funktioniert, konnte man beispielsweise an der Affäre um *Hubert Aiwanger* sehen.

Da wurde nämlich die Süddeutsche Zeitung heftig für ihre Art der Berichterstattung kritisiert.

Natürlich liegt das zum großen Teil am Konkurrenzdenken.

Aber es gibt eben auch einen Wertekanon im Journalismus.

07.15 Das Fazit:

Unterm Strich haben all die genannten Argumente eins gemeinsam.

Du ahnst es.

Richtig.

Sie sind vollkommen unsinnig.

Und waren es immer.

Und all das hätte man gleich zu Anfang der Pandemie wissen oder sich denken können.

Kommen wir nun zum Verhalten der Christen zu Corona.

08 Christ und Corona

Um es vorwegzunehmen:

Achtzig bis neunzig Prozent der Christen im Land haben sich während der Pandemie vorbildlich verhalten.

Zehn Prozent waren und sind strikt im Lager der Leugner.

Weitere zehn Prozent standen irgendwo dazwischen.

So hat es mir jemand gesagt, der sich in der Gemeindelandschaft gut auskennt.

Wir haben es also mit einer kleinen Minderheit zu tun, die nicht nur die Realität verleugnet, sondern sich in besonderer Weise gegenüber ihren Nächsten und der Obrigkeit versündigt hat.

Allerdings darf man sich nicht täuschen lassen.

Denn vermutlich in so ziemlich jeder christlichen Gemeinde wird der eine oder andere Leugner sitzen.

Und je nachdem, wie er sich artikulieren kann oder welchen Einfluss er hat, kann er für große Unruhe bis hin zu Spaltungen sorgen.

Das Verhalten besagter zehn Prozent möchte ich nachfolgend beschreiben.

Vor allem jedoch will ich gemeinsam mit Dir über das *Warum* nachdenken.

Das macht man am besten, indem man es einigermaßen strukturiert.

Also fangen wir ganz vorne an.

Und zwar, indem wir zu definieren versuchen, was die Bibel uns vorgibt, wenn es um das adäquate Verhalten während und zu einer Pandemie geht.

Meines Erachtens genügen dazu vier Bibelstellen.

Erstens:

"Sucht der Stadt Bestes!"

oder

"Sucht den Frieden der Stadt!"

(Jeremia 29,7)

Zweitens:

"Du sollst deinen Nächsten lieben wie dich selbst!"

(Matthäus 22,39 und Markus 12,31)

Drittens

"Jedermann ordne sich den Obrigkeiten unter, die über ihn gesetzt sind; …"

(Römer 13,1)

Viertens:

"Wir wissen aber, dass denen, die Gott lieben, alle Dinge zum Besten dienen, …"

(Römer 8,28)

Die Aufforderung, der Stadt Bestes zu suchen, ist natürlich in eine bestimmte konkrete Situation hineingeschrieben.

Allerdings denke ich, man darf diesen Vers durchaus generalisieren, das heißt, auf alle Situationen anwenden.

Das wird meines Erachtens durch Römer 12,17b bestätigt:

"… seid bedacht auf das, was ehrbar ist vor allen Menschen!"

oder

"… seid auf das bedacht, was in den Augen aller Menschen gut ist."

Denn *alle Menschen* bedeutet ja, dass hierin auch die nicht Gläubigen eingeschlossen sind.

Wie in einer fremden Stadt.

Alle.

Die drei anderen Verse gelten ohnehin universell.

Mit der Ausnahme der *clausula petri*.

Zu der kommen wir noch.

Jedenfalls genügen meines Erachtens die hier zitierten Aufforderungen vollständig, wenn es um das korrekte Verhalten eines Christen zu einer Pandemie geht.

Nämlich im Sinne der Sorge um die Stadt sowie um den Nächsten größtmögliche Vor- und Rücksicht.

Außerdem Unterordnung unter die Obrigkeit, was die Anordnung und Durchführung von Schutzmaßnahmen anbelangt.

Geht es noch einfacher?

Und wofür ist der letzte Vers gut?

Genauso einfach:

Dieser Vers ist eine Verheißung für jeden, der sich aus Liebe zu seinem Herrn und nachfolgend zu seinem Nächsten einer Impfung aussetzt, die ihn womöglich krank machen oder gar töten könnte.

Denn wofür ist denn eine solche biblische Aussage sonst gut?

Wie kann es sein, dass Menschen, die sich für bibeltreu halten, immer dann, wenn es drauf ankommt, vergessen, was sie sonst regelmäßig zitieren?

Denn was ist denn da passiert, als es um die Impfung ging?

Viele haben sich nicht impfen lassen.

Manche aus Trotz, weil sie sozusagen die Obrigkeit für ihre angeblichen Lügen bestrafen wollten.

Und damit ihre Mitmenschen bestraft *haben*.

Das glaubst Du nicht?

Genau das ist passiert.

Ich habe einen vor Augen, den man auf YouTube bewundern kann, wie er auf Marktplätzen das Evangelium verkündet.

Oder das, was er dafür hält.

Und der gleichzeitig auf Facebook genau das verkündet hat, was ich gerade beschrieben habe.

Es gab aber auch genug von denen, die einfach Angst hatten.

Vor der unausgereiften Impfung.

Vor den vielen schrecklichen Nebenwirkungen, die die Impfung angeblich zeitigt.

Und die sich sonst durchaus hätten impfen lassen, um der Nächstenliebe Genüge zu tun.

Ich will gar nicht darüber urteilen, ob deren Verhalten jetzt Sünde war oder nicht.

Fakt ist aber zunächst einmal, dass es *nicht klug* war.

Denn wie schon erwähnt war es nicht so, dass das Virus hauptsächlich für bestimmte Personengruppen gefährlich war, die Impfung aber für alle.

Genau dazu gab es schon sehr früh Erkenntnisse dahingehend, ob das Risiko einer Impfung möglicherweise höher sein könnte als das einer Infektion.

Beispielsweise hat *die Universität Cambridge* schon im April 2021 einen sogenannten *Risikorechner* für Thrombosen nach einer Astra-Zeneca-Impfung veröffentlicht.[86]

Darin wird nur eine einzige Gruppe genannt, bei der das Risiko einer Schädigung durch die Impfung minimal höher war als das einer Schädigung durch das Virus selbst.[87]

Das haben auch die Zahlen für alle Impfstoffe und alle möglichen Nebenwirkungen so bestätigt.

Von Anfang an.

Somit musste man nur die Wahrscheinlichkeit eines Infektionsschadens der eines Impfschadens gegenüberstellen und hatte einen klaren Fingerzeig pro Impfung.

Da diese Entscheidung wie in einem der beiden verlinkten Artikel ausgesagt jedoch oftmals keine rationale ist, hatten viele eben Angst.

Und dafür ist Römer 8,28 da.

So einfach ist das.

Was viele aber daraus gemacht haben, das schauen wir uns jetzt nach und nach an.

---

[86] Zeit: Universität Cambridge, Risiko Impfung
https://www.zeit.de/news/2021-04/20/virologin-ciesek-gefahr-durch-impfung-wird-ueberschaetzt
[87] Winton Centre: Universität Cambridge, Risikorechner Impfung
https://wintoncentre.maths.cam.ac.uk/news/communicating-potential-benefits-and-harms-astra-zeneca-covid-19-vaccine/

09 Die Chronologie

Zum ersten Mal mit Corona-Leugnung unter Christen wurde ich konfrontiert, als einige Bekannte sich entsprechend äußerten.

Dem habe ich anfangs keine besondere Bedeutung beigemessen und gedacht, da fehlt es eben an geistlicher Urteilskraft.

Dann jedoch, im Sommer oder Spätsommer 2020, fiel ich vom Stuhl.

Und zwar, als ich hörte, dass der von mir bis dahin so hoch geschätzte *John MacArthur* von der *Grace Community Church* in der Nähe von Los Angeles auf dem Corona-Kriegspfad war.

Er ist gegen die vom Staat Kalifornien verordneten Kirchenschließungen vor Gericht gezogen.

Das hat er unter anderem mit dem Hinweis getan, dass das Haupt der Gemeinde Christus sei und nicht Cäsar. [88]

Für mich ist eine solche Aussage unfassbar.

Christus ist selbstverständlich unser Haupt.

Aber er hat uns eben auch unter eine weltliche Obrigkeit gestellt.

Dazu kommen wir noch.

MacArthur hat dann nicht einmal ein Urteil abgewartet, sondern gleich gegen die Verordnung verstoßen.

Später wurde der Gerichtsstreit übrigens mit einem Vergleich beendet.

Der Staat Kalifornien sowie das Los Angeles County mussten daraufhin je 400.000 Dollar Entschädigung für die anwaltlichen Aufwendungen der Grace Community Church zahlen.[89]

Dieser Vergleich wurde in der deutschen Leugner-Landschaft natürlich ausgiebig gefeiert.

Und damit sind wir bei den ersten Falschaussagen der Leugner.

Und zwar gleich im Dreierpack.

---

[88] EBTC: MacArthur, Christus und nicht Cäsar
https://www.ebtc.org/blog/die-stellungnahme-der-grace-community-church-zum-versammlungsverbot-der-gemeinden-in-kalifornien
[89] Christianity Today: Settlement Grace Community Church
https://www.christianitytoday.com/news/2021/september/john-macarthur-covid-settlement-california-church-grace-com.html

Denn sowohl das *EBTC*, das *Europäische Bibel Trainings Centrum*, als auch die sogenannten *Christen in der AfD* beklatschten den vermeintlichen *Sieg* John MacArthurs ausgiebig.[90] [91]

Und beide ließen sich dabei über die angeblich *verfassungswidrigen* Verordnungen des Staates Kalifornien aus.

Allerdings ist ein Vergleich, englisch *Settlement*, eben *kein* Sieg für irgendeine Partei.

Und tatsächlich ist es so, dass hier keine Verfassungswidrigkeit festgestellt worden ist.

Vielmehr hat der U.S. Supreme Court, der Oberste Gerichtshof der USA, hier entschieden, dass das Recht auf Religionsausübung im Haus die Interessen des Staates überwiegt.[92]

So weit, so gut.

Klingt das womöglich doch nach Verfassungswidrigkeit?

Eher nicht.

Denn derselbe Supreme Court hatte kurz zuvor genau andersherum entschieden.[93]

Solche Feinheiten interessieren natürlich nicht, wenn es einen Sieg zu feiern gilt.

Dasselbe Vorgehen werden wir gleich auf der Homepage des ACCH erneut wiederfinden.

An dieser Stelle muss man sich ohnehin fragen, inwieweit dieser Vergleich tatsächlich ein Grund zum Feiern ist, wenn damit doch der Gefährdung von Gemeindemitgliedern und deren Sozialkontakten Tür und Tor geöffnet wird.

Denn genau das ist in der Grace Community Church geschehen.

Damit sind wir bei der dritten Falschaussage, diesmal von MacArthur und seiner Gemeinde selbst.

---

[90] EBTC: Vergleich John MacArthur
https://www.ebtc.org/blog/kalifornien-muss-400-000-dollar-entschaedigung-an-grace-community-church-zahlen
[91] Christen in der AfD: John MacArthur gewinnt Rechtsstreit
https://www.chrafd.de/index.php/273-sieg-fuer-die-glaubensfreiheit-in-usa-kirche-von-john-mac-arthur-gewinnt-rechtsstreit-mit-dem-staat-kalifornien-stellungnahme-der-teg-muenchen
[92] La Times: Settlement Grace Community Church
https://www.latimes.com/california/story/2021-09-02/why-l-a-county-paid-400-000-to-a-church-that-violated-coronavirus-rules
[93] LA Times: Supreme Court rejects church challenge
https://www.latimes.com/politics/story/2020-05-29/supreme-court-california-church-crowds-pandemic

Denn hier wurden sowohl ein größerer Corona-Ausbruch in der Gemeinde als auch die Erkrankung MacArthurs selbst und seiner Frau monatelang vehement bestritten, bis er sie schließlich dann doch einräumte.

Passenderweise *unmittelbar nach* dem Schließen des Vergleichs.

Das alles ist natürlich überhaupt nicht verdächtig, nicht wahr?

Und der Vorwurf der Lüge gegenüber John MacArthur stammt nicht ursprünglich von mir, sondern von einem seiner größten Fans, *Tim Heard*.

"They did not tell me the truth!" sagt er in einem seiner YouTube-Videos, in denen er normalerweise die Predigten MacArthurs feiert, in Minute drei ziemlich erschüttert.[94]

Hier, lieber Leser, beginnt es also, das Lügen, das in diesem Buch eine zentrale Rolle spielen wird.

Dazu kann man zweierlei sagen.

Erstens, dass es nicht möglich ist, die jeweiligen Unwahrheiten abzustreiten oder zu relativieren.

Hier sind glasklar Menschen absichtlich getäuscht worden.

Zweitens könnte es sein, dass Du die hier aufgedeckten Falschaussagen womöglich nicht als besonders schwerwiegend erachtest.

Insbesondere die Umwandlung eines juristischen Vergleichs in einen Sieg.

Dazu würde ich dann erneut zweierlei sagen.

Erstens, dass auch diese vermeintlich kleine Ungenauigkeit üblicherweise kein Versehen ist, sondern bewusst und in Suggestionsabsicht verwendet wird.

Und zweitens, dass Falschaussagen und Lügen von sogenannten geistlichen Leitern aus meiner Sicht *immer* schwerwiegend sind.

Und außerdem verspreche ich Dir an dieser Stelle, dass es in Sachen Lügen im weiteren Verlauf noch deutlich zahlreicher und auch schwerwiegender werden wird.

Aber vorerst weiter mit der Chronologie.

---

[94] YouTube: John MacArthurs shocking admission
https://youtu.be/CgD6AOgMGio

Zuvor jedoch noch eine abschließende Bemerkung zu John MacArthur.

Im Editorial des Magazins Zeit und Schrift, Ausgabe 5/2023, dem ich voll und ganz zustimme, zitiert und kritisiert *Michael Schneider* eine Stellungnahme MacArthurs zu den aktuellen Geschehnissen in und um Israel.[95]

Und bringt dessen kalte, gefühllose Einlassung so auf den Punkt:

"Vielleicht ist jetzt einmal nicht die Zeit zum Publizieren theologischer Richtigkeiten, sondern die Zeit zum Trauern und Mitfühlen."

Über dieses Thema werden wir noch in einem eigenen Kapitel nachdenken.

Zunächst aber weiter mit unserer Chronologie:

MacArthurs Vorgehen wurde auch in Deutschland registriert.

Und veranlasste einige Christen, namentlich *Wilfried Plock* und *Matthias Swart*, zu einer kritischen Stellungnahme.[96]

Diese wiederum rief Dr. Wolfgang Nestvogel, den bereits erwähnten Pastor der BEG Hannover, auf den Plan.

Der verteidigte MacArthur.

Das tat er mehrfach, beispielsweise in seinem Vortrag *Staatsbürger oder Untertan*, den er im September 2020 in Meinerzhagen-Schoppen hielt und kurz danach als CD veröffentlichte.[97]

Über diesen Vortrag wird noch zu reden sein.

Ebenso über Wolfgang Nestvogel, der sich in der Folge zur *Galionsfigur* des deutschen evangelikalen Corona-Widerstands aufschwang.

Ein Mann übrigens, den ich bis dahin auch enorm geschätzt hatte.

Vorerst ging das Pingpong gegenseitiger Stellungnahmen weiter.

---

[95] ZS Online: Zeit zum Schweigen
https://www.zs-online.de/heftarchiv/rubrik/editorial/
[96] Gesunde Gemeinden: Wilfried Plock, Matthias Swart, John MacArthur
https://www.gesunde-gemeinden.de/artikel/ziviler-ungehorsam-aus-treue-zum-herrn/
[97] DWGload: Nestvogel, Staatsbürger oder Untertan
https://load.dwgradio.net/de/play/13522

Wilfried Plock und viele andere besorgte Christen verfassten ein sogenanntes *Thesenpapier* mit dem Titel *Jesus im Mittelpunkt behalten – trotz Corona.*[98]

Dann traten die nächsten Protagonisten des Leugnens auf.

Im wahrsten Sinne des Wortes.

Die hoben die Auseinandersetzung auf ein neues Level.

Besser gesagt, sie zogen sie auf ein bisher nicht gekanntes Niveau hinunter.

Und zwar indem sie Andersdenkende auf eine Art und Weise persönlich attackierten, die selbst jemanden erstaunte, der einem sauberen Streitgespräch in lutherischer Rhetorik nie abgeneigt ist.

Es handelt sich um die beiden Pastoren der *ERB*, der *Evangelisch-Reformierten Baptistengemeinde Frankfurt, Tobias Riemenschneider* und *Peter Schild.*

Sie griffen *Michael Kotsch*, den Leiter des Bibelbundes, wegen seiner Kritik an dem Bremer Pfarrer Olaf Latzel an.[99]

Sie attackierten Roger Liebi anlässlich seiner sehr ausgewogenen Stellungnahme zum Singverbot in den Gemeinden.[100]

Und zu guter Letzt griffen sie besagtes Thesenpapier an, indem sie auf YouTube eine Gegenstellungnahme mit dem Titel *Jesus im Mittelpunkt behalten – gerade wegen Corona* verfassten.[101]

Das Auftreten der beiden Herren veranlasste folgerichtig auch Wilfried Plock zu einer Stellungnahme mit dem Titel *Eine neue Qualität unbrüderlicher Kritik.*[102]

Das half aber nicht.

Es ging genauso weiter wie gehabt.

---

[98] Gesunde Gemeinden: Jesus im Mittelpunkt behalten trotz Corona
https://www.gesunde-gemeinden.de/artikel/jesus-im-mittelpunkt-behalten-trotz-corona/
[99] YouTube: Riemenschneider – Kotsch
https://youtu.be/4BtU95Nr4z4
[100] Soundwords: Roger Liebi, Singverbot
https://www.soundwords.de/was-bedeutet-es-sich-in-zeiten-von-corona-der-obrigkeit-unterzuordnen-a12898.html
[101] YouTube: Jesus im Mittelpunkt behalten – gerade wegen Corona
https://youtu.be/r5JQAgYRovg
[102] Apologia: Eine neue Qualität unbrüderlicher Kritik
https://www.apologia.info/eine-neue-qualitaet-unbruederlicher-kritik-die-fragwuerdigen-podcasts-gegen-roger-liebi-michael-kotsch-etc-von-tobias-riemenschneider-u-peter-schild-erb-frankfurt/

Riemenschneider und Schild verfassten Anfang Dezember 2021 ein Pamphlet mit dem Titel *Hilfestellung für die aktuelle Situation*.[103]

Ob der Titel absichtlich so gewählt wurde, um unverdächtig zu wirken – beispielsweise bei YouTube –, weiß ich nicht.

Bei besagter *Hilfestellung* geht es nämlich um die Impfung.

In ihrer Ausarbeitung wiederholen Riemenschneider und Schild nicht nur sämtliche Lügen und Falschbehauptungen der Leugner.

Nein, erstens erfinden sie noch ein paar falsche Behauptungen hinzu, unter anderem was das Gerücht zu angeblich für die Impfstoffentwicklung extra abgetriebenen Kindern betrifft.

Und dann fordern sie ihre Schäfchen zur *Impfpassfälschung* auf.

Wie bitte?

Ja, Du hast völlig richtig gehört.

Das siehst Du gleich.

In der Rubrik *List* in besagtem Pamphlet holen die beiden Frankfurter sich zunächst den unvermeidlichen *Godwin-Punkt*.

Godwins Gesetz besagt ja, dass die Wahrscheinlichkeit, dass in einer kontroversen Diskussion irgendwann ein Nazi-Vergleich kommt, nach und nach auf Eins ansteigt.

In diesem Fall werden die *Christen gegen Corona* mit *Corrie ten Boom* verglichen.

Und an dieser Stelle muss man auch in dieser Deutlichkeit mal die Frage stellen, ob diejenigen, die während der Corona-Pandemie ständig diese Bezüge zum Dritten Reich herstellen, vollkommen den Bezug zur Realität verloren haben.

Oder ist es die Kohl'sche *Gnade der späten Geburt*, die dazu führt, dass sie das Ausmaß dessen, was damals geschehen ist, so lapidar abtun wie Gauland mit seinem *Vogelschiss*?[104]

Diese Leute stellen Menschen, die unter den Gräueln der Nazis gelitten haben, auf eine Stufe mit Leuten, die sich der erklärten Absicht ihrer Obrigkeit, Menschenleben zu retten, entgegenstellen.

---

[103] YouTube: Hilfestellung für die aktuelle Situation, Riemenschneider, Schild
https://youtu.be/ehvPlydWYpI
[104] FAZ: Gauland, Vogelschiss
https://www.faz.net/aktuell/politik/inland/gauland-hitler-nur-vogelschiss-in-deutscher-geschichte-15619502.html

Das war es aber immer noch nicht.

Denn wie schon erwähnt schlagen die Frankfurter ihren Zuhörern glasklar vor, im Zweifelsfalle ihren Impfpass zu fälschen.

Das formulieren sie natürlich nicht so deutlich wie ich.

Riemenschneider ist schließlich Anwalt.

Und generell wissen diese Leute haargenau, was sie sagen können, um gerade noch einer Verurteilung wegen Verleumdung, Beleidigung oder Volksverhetzung zu entgehen.

Genau das hat mir wörtlich ein Ravensburger Staatsanwalt im Hinblick auf Jakob Tscharntke mitgeteilt.

Aber im Kontext des Kapitels *List* in besagter angeblicher Hilfestellung wird unzweifelhaft klar, worum es hier geht.

Es sei denn, Du, lieber Leser, kannst mir nachvollziehbar erklären, was hier sonst gemeint ist.

Übrigens bin ich nicht der Einzige, der den beschriebenen Eindruck gewonnen hat:

In der *Zeitschrift für Religion und Weltanschauung*, Ausgabe 5/23, in der man ab Seite 359 einen ebenso lesenswerten wie erschütternden Artikel über den *ACCH*, den *Arbeitskreis Christliche Corona-Hilfe*, findet, wird exakt derselbe Verdacht formuliert.[105]

Und dass man den Herren Riemenschneider und Schild offensichtlich so ziemlich alles zutrauen muss, wirst Du am nächsten Beispiel sehen.

Denn die ERB Frankfurt ist in den Untergrund gegangen.

Das glaubst Du nicht?

Ist aber wahr.

Diese Gemeinde hat tatsächlich *Untergrund-Gottesdienste* an einem öffentlich nicht bekannten Ort gefeiert, um Hygienevorschriften und Maskenpflicht zu umgehen.

Und das ausdrücklich in Phasen, in denen es *keine* Kirchenschließungen gab.

---

[105] EZW Berlin: Zeitschrift für Religion und Weltanschauung
https://www.ezw-berlin.de/publikationen/zeitschrift-fuer-religion-und-weltanschauung/

Dazu hat man Räumlichkeiten in einem anonymen Bürogebäude außerhalb Frankfurts angemietet.

Auf der Homepage fand sich plötzlich keine Angabe mehr, wo die Gottesdienste der Gemeinde stattfinden.

Wer daran teilnehmen wollte, musste entweder ein Gemeindemitglied als Bürgen haben oder eine Art Gesinnungsprüfung absolvieren.

War eine der beiden Voraussetzungen erfüllt, wurde die Adresse mitgeteilt, wo der Gottesdienst stattfand.

Dort angekommen, deutete zunächst nichts darauf hin, dass sich in besagtem Gebäude eine – vermeintlich – christliche Gemeinde versammelt.

Man wurde dann von Gemeindemitgliedern in Empfang genommen und zum Gottesdienstsaal geleitet.

Dieser wurde zu Beginn des Gottesdienstes von innen abgeschlossen.

In Anwesenheit dutzender Kinder, wohlgemerkt.

Der zuständige Brandschutzinspektor wäre vom Stuhl gefallen.

Dann wurde Gottesdienst gefeiert.

Ohne Maske, mit lautem Singen.

Natürlich.

Ich selbst wollte mir das natürlich auch ansehen.

Also habe ich per E-Mail nach dem Veranstaltungsort gefragt.

Dann erhielt ich eine E-Mail zurück, in der nach meiner Telefonnummer gefragt wurde, damit man reden könne.

Ich fragte wiederum zurück, warum es in so einem Fall nötig sei, zu telefonieren.

Und erhielt keine Antwort mehr.

Untergrund-Gottesdienste.

In Deutschland.

Außerhalb von Lockdowns und Kirchenschließungen.

Ein Bekannter äußerte dazu mir gegenüber die Überzeugung, diese Leute seien bestrebt, als erste deutsche Märtyrer im Knast zu landen.

So wie der kanadische Pastor *James Coates*.

Denn der *war* im Knast wegen Verstoßes gegen Corona-Auflagen.[106]

Die Aussagen, die Aktivitäten und das Auftreten der Herren Riemenschneider und Schild haben Leute wie Wolfgang Nestvogel und einige andere allerdings nicht davon abgehalten, mit ihnen gemeinsam den ACCH zu gründen.

Bevor wir aber zu dieser Vereinigung kommen, noch der Blick auf eine weitere unselige Initiative.

Und zwar die mit dem plakativen Namen *Wir schließen niemanden aus!*

Du ahnst, worum es dabei geht?

Richtig.

Um *3G* und *2G*.

Diese Gruppierung verwahrte sich also dagegen, Ungeimpfte aus den Gottesdiensten auszuschließen.

Das wird selbstredend ausführlich biblisch begründet.

Gottesdienste sind unverhandelbar.

Jesus weist keinen zurück.

Und so weiter und so fort.

Und hier haben wir die nächste Heuchelei.

Denn was wäre beispielsweise, wenn es einen Ebola-Ausbruch irgendwo gäbe, Ebola sich genauso vermehrte wie Corona und dann ein Gemeindemitglied von einer Reise in das entsprechende Gebiet heimkäme?

Würden sie den ins Gemeindehaus lassen?

Nie im Leben!

Gottesdienst unverhandelbar?

Niemanden ausschließen?

Ganz sicher nicht.

Und wenn doch, wäre es ohnehin Wahnsinn, wenn man bedenkt, dass ein Ungeimpfter potenziell ansteckender und mit einer höheren Virenlast behaftet ist als ein Geimpfter.

---

[106] EBTC: James Coates wie Luther
https://www.ebtc.org/blog/wir-stehen-an-der-seite-von-pastor-james-coates

An dieser Stelle noch ein Hinweis, der die Haltung der frommen Leugner ebenfalls sehr gut verdeutlicht:

Du weißt ja, dass viele Gemeinden aufgrund ihrer begrenzten Räumlichkeiten und dem hohen Besucheraufkommen ihre Gottesdienste splitten oder auf unterschiedliche Räume verteilen.

Das scheint kein Problem zu sein.

Und ist es natürlich auch nicht.

Und jetzt stellt sich die Frage, warum sie auf diese Idee nicht auch gekommen sind, als es um 2G oder 3G ging.

Warum haben sie nicht gesagt:

"Der Präsenz-Gottesdienst und die persönliche Gemeinschaft sind uns so wichtig, dass wir darauf nicht verzichten wollen und können. Wir wollen aber alles für den Schutz unserer Mitglieder und deren Kontakte tun und werden deshalb unsere Gottesdienste splitten, sodass Geimpfte und Ungeimpfte sich nicht begegnen können."

So etwas in der Art.

Aber solche Kompromissvorschläge gab es nicht.

Immer nur dagegen.

Genauso war es, wenn es um Fragen wie Lockdown ging.

Warum gab es keinerlei konstruktive Vorschläge wie zum Beispiel den, dass man auf Zwangsmaßnahmen verzichten könne und gleichzeitig alle freiwillig alles zum Schutz ihres Nächsten tun würden?

Es wäre doch durchaus ein interessantes Experiment gewesen, herauszufinden, wie weit man auf freiwilliger Basis kommt, wenn die allermeisten mitspielen.

Auch wenn eigentlich klar ist, dass zumindest vor der Impfung ohne Schließungen definitiv mehr Opfer zu beklagen gewesen wären.

Aber solche Vorschläge sind nicht gekommen.

Stattdessen wurden immer die Harmlosigkeit des Virus und die angeblich nicht bedrohliche Situation als Begründung für die strikte Ablehnung von Maßnahmen herangezogen.

Ohnehin ist das drei- oder sogar viergleisige Vorgehen gerade der frommen Corona-Widerständler in sich unsinnig.

Denn sie betonen ja erstens die Harmlosigkeit des Virus, zweitens die Sinnlosigkeit oder sogar Schädlichkeit der Schutzmaßnahmen, drittens deren Verfassungswidrigkeit und viertens die angeblich unverhandelbaren theologischen Aspekte.

Wenn jedoch Letztere tatsächlich so unverhandelbar sind, dann müssen aus christlicher Sicht bereits sie den Ausschlag geben – und dann sind alle anderen Parameter unwichtig.

Was aber machen die *Prediger gegen Corona*?

Sie schießen aus allen vier Kanonen.

Vermutlich, um ganz sicherzugehen.

Durchdacht ist etwas anderes.

Aber weiter im Text.

Aus besagter Initiative entstand dann laut deren Homepage die schon genannte nächste Gruppierung, die sich der Corona-Leugnung und dem Widerstand gegen die Obrigkeit verschrieben hat.

10 Der ACCH

Dieser trat mit ganz großen Ambitionen an.

Und zeigte damit gleich, wie gewaltig er sich selbst und seine Bedeutung überschätzt.

Das erste formulierte Ziel ist, *"Christen, die unter der derzeitigen Situation leiden, beizustehen, sie im Glauben und der Hoffnung in Christus zu stärken und ihnen Hilfe zu leisten."*[107]

Das klingt gut.

Allerdings ist damit letztlich gemeint, dass Christen aus Sicht des ACCH *besonders* unter den vermeintlich unangemessenen Pandemie-Maßnahmen der Obrigkeit leiden.

Also mehr als andere.

Mehr als beispielsweise der Sport- oder Kaninchenzüchterverein. *(Diese erwähne ich, weil Wolfgang Nestvogel in seinen Vorträgen mehrfach sagte, was Sport- oder Kaninchenzüchterverein im Hinblick auf die Einhaltung der Corona-Maßnahmen machten, sei deren Sache – eine bezeichnende Einstellung angesichts des biblischen Gebots 'Sucht der Stadt Bestes!')*

Allein das ist schon unsinnig.

Aber es kommt noch schlimmer.

Denn *"darüber hinaus will der ACCH auch öffentlich und insbesondere gegenüber Politikern auf die schwierige Situation vieler Christen aufmerksam machen und sich für deren Belange einsetzen."*

Die schwierige Situation vieler Christen?

Ist hier von Nordkorea die Rede?

Oder von Saudi-Arabien?

Nein, hier geht es um Deutschland.

Und man kann nur hoffen, dass kein Christ irgendwo auf der Welt, der wirklich in Schwierigkeiten ist und vielleicht unter Verfolgung leidet, diese Zeilen gelesen hat.

---

[107] ACCH: Ziele
https://acch.info/

Die Selbstüberschätzung geht aber noch weiter.

Anlässlich der Verabschiedung des ACCH-Mitglieds Riemenschneider sagt dieser wörtlich:

"Ich bin überzeugt, dass Gott unsere Arbeit und vor allem die Gebetstage als Mittel gebraucht hat, um Veränderungen herbeizuführen und insbesondere die fest geplante allgemeine Impfpflicht abzuwenden."[108]

Immerhin inklusive der folgenden Einordnung:

"Dies ist nicht unserer Arbeit zu verdanken, sondern Seiner Gnade. Ihm sei Dank dafür!"

Der ACCH als die Institution, die das Damoklesschwert der Impfpflicht abgewendet hat?

Interessant ist in diesem Zusammenhang übrigens das Schreiben, das der ACCH diesbezüglich an die höchsten Repräsentanten des deutschen Volkes geschickt hat.[109]

Unter anderem steht darin Folgendes:

"Als Christen sind wir davon überzeugt, dass wir uns der staatlichen Obrigkeit unterordnen müssen, da die Bibel lehrt, dass jede staatliche Obrigkeit von Gott verordnet ist."

Und unterschrieben worden ist es unter anderem von Wolfgang Nestvogel.

Also dem Mann, der vor das Bundesverfassungsgericht gezogen ist, um gegen das befristete Singverbot in Gemeinden zu klagen.

Dem Mann mithin, der sich damit einer Obrigkeit entgegengestellt hat, die mit ihren Schutzmaßnahmen Leben retten wollte.

Und Leben gerettet hat.

Das ist schon eine sehr kreative Auslegung von Unterordnung.

Dann kommt der übliche Verweis auf die angeblich so vielen Christen, die angeblich aus Gewissensgründen Probleme mit der Impfung haben.

---

[108] ACCH: Verabschiedung Riemenschneider
https://acch.info/2022/11/24/verabschiedung-von-tobias-riemenschneider/
[109] Gemeindenetzwerk: Impfpflicht, Schreiben an Politiker
https://www.gemeindenetzwerk.de/?p=18775

Gewissensprobleme mit einer Impfung kann ein Christ allenfalls dann haben, wenn er sich nicht in der Bibel auskennt und / oder von Demagogen aufgestachelt wurde.

Beispielsweise mit der Falschbehauptung, wonach eigens Kinder abgetrieben worden seien, um Impfstoffe herstellen zu können.

Oder mit abwegigen Interpretationen der biblischen Aussage, wonach der Leib der Tempel des Heiligen Geistes ist – und deshalb nicht mit Impfstoffen verunreinigt werden dürfe.

Das alles ist schlichtweg Unsinn.

Und es ist sowieso ein Strohmann.

Denn die *vielen Christen*, die wirklich solche Gewissensprobleme haben, gibt es überhaupt nicht.

Beispielsweise werden Zelllinien von abgetriebenen Föten auch für andere Impfstoffe verwendet.

Und für Kosmetika.

Und da habe ich persönlich noch nie zuvor etwas von Gewissensbissen gehört.

Aber das ficht den ACCH nicht an.

Er schreibt von *tausenden Familien* in Deutschland, die durch eine Impfpflicht in existenzielle Nöte gestürzt würden.

Unterschrieben ist dieses heuchlerische Pamphlet übrigens insgesamt von angeblich hundertfünfzig Personen.

Für den Fall, dass Du gerade zusammengezuckt bist, weil ich den Begriff *heuchlerisch* verwendet habe:

In dem Schreiben wird das Gebot der Nächstenliebe zitiert.

Und zwar von Leuten, die faktisch alles dafür tun, dass ihr Nächster *nicht* vor diesem Virus geschützt wird.

Und die Diskrepanz zwischen der Unterschrift Nestvogels und seinem Handeln hatten wir ja schon.

Ist das Heuchelei oder nicht?

Bevor wir nun mit dem ACCH und seinen Aussagen und Aktionen weitermachen, ein kurzer Exkurs in die juristische Betrachtung.

11 Staatsbürger oder Untertan

Unter diesem Titel hielt Wolfgang Nestvogel wie schon erwähnt einen Vortrag in Meinerzhagen-Schoppen.

Einiges von dem, was er darin äußert, ist so bezeichnend wie wegweisend für seine Haltung zu Corona und Obrigkeit.

Auch er beginnt damit, indem er sich zunächst den berühmten Godwin-Punkt sichert.

Auch er pervertiert die schreckliche Situation, in der sich Christen wie beispielsweise *Dietrich Bonhoeffer* in den dunkelsten Stunden Deutschlands befanden, indem er sich selbst und all die anderen Corona-Leugner auf dasselbe Level hebt.

Dann beginnt er, seine Sicht des paulinischen Gehorsamkeitsgebots zu entfalten.

Und ab hier wird es interessant und es lohnt sich, ganz genau hinzuhören.

Denn Nestvogel führt seine Zuhörer rhetorisch ziemlich geschickt dahin, wo er sie hinhaben will.

Das tut er, indem er mit Römer 13, 1 beginnt.

Das hier formulierte Gebot sagt bekanntlich aus, dass wir den sogenannten *obrigkeitlichen Gewalten* untertan sein sollen.

Nestvogel bezeichnet das Gebot als *göttliche Schöpfungsordnung*, weil die Obrigkeit eben von Gott eingesetzt sei.

An dieser Stelle war ich das erste Mal irritiert.

Denn als theologischer Laie war ich immer davon ausgegangen, dass eine weltliche Obrigkeit für die christliche Gemeinde erst mit Saul eingeführt wurde.

Und zwar gegen den anfänglichen Widerstand Gottes.

Aber ich mag mich irren.

Ist ja auch nicht weiter wichtig.

Wichtiger ist, dass Nestvogel darauf besteht, dass die Obrigkeit nicht der jeweilige Amtsträger sei, sondern ausschließlich das jeweilige Gesetz.

An dieser Stelle müsste man demzufolge Paulus das erste Mal fragen, warum er so nachlässig war, sein Gebot nicht präziser zu erklären.

Er schreibt nur von *Obrigkeit*.

Und ich habe das immer so verstanden, dass ich jedem Amtsträger, der mir in irgendeinem Bereich etwas zu sagen hat, zu gehorchen habe.

Dass der jeweilige Amtsträger sich selbstverständlich ans Gesetz zu halten hat, braucht man dabei nicht extra zu erwähnen.

Deshalb stellt sich die Frage, warum Nestvogel es so ausführlich tut.

Und sich auch noch selbst widerspricht, indem er auf Petrus hinweist.

Denn der formuliert es wie folgt:

*"Ordnet euch deshalb aller menschlichen Ordnung unter um des Herrn willen, es sei dem **König** als dem Oberhaupt oder den **Statthaltern** als seinen Gesandten zur Bestrafung der Übeltäter und zum Lob derer, die Gutes tun."*

(1. Petrus 2,13-14)

Hier werden also ausdrücklich die Amtsträger genannt, die Nestvogel vorher aus der Gleichung herausgenommen hat.

Außerdem bezeichnet Nestvogel das, was Petrus hier sagt, als *menschliche Ordnung*, im Gegensatz zu Paulus' Anordnungen.

Auch das erschließt sich mir nicht.

Aber das ist ja eigentlich auch alles gar nicht wichtig.

Denn meiner festen Überzeugung nach wurde die Bibel so verfasst, dass sie auch der berühmte einfache Geist ohne Studium der Theologie verstehen kann.

Zumindest was die Basiselemente des Glaubens betrifft.

Und diese Basiselemente sagen mir im Hinblick auf die Unterordnung unter die Obrigkeit Folgendes:

Erstens haben wir uns grundsätzlich den Weltmenschen, die Macht über uns haben, unterzuordnen.

Das gilt auch für den Fall, dass diese Menschen *schlechte* Regierende sind und sich als alles andere erweisen denn als Gottes Dienerin.

Denn auch eine schlechte Obrigkeit ist immer noch stabiler als gar keine.

Das sagt übrigens auch Wolfgang Nestvogel.

Zweitens sind wir gehalten, dann Gott mehr zu gehorchen als den Menschen, wenn es um Entscheidungen geht, die eindeutig gegen Gottes Willen getroffen werden.

Was das im Einzelnen bedeutet, wird im bereits erwähnten sogenannten *Thesenpapier* meines Erachtens gut nachvollziehbar entfaltet.

Beispiel Abtreibung:

Das ist selbstverständlich etwas, das in keiner Weise mit Gottes Willen übereinstimmt.

Deshalb ist auch jeder Protest dagegen im Rahmen der gesetzlichen Möglichkeiten absolut legitim.

Entscheidend ist aber hier, dass man als Christ nicht zur Abtreibung *gezwungen wird*.

Das ist ein wichtiger Aspekt.

Den Nestvogel natürlich völlig anders beurteilt.

Damit zur schon erwähnten sogenannten *clausula petri* aus der Apostelgeschichte, Kapitel 4 und 5.

"Man muss Gott mehr gehorchen als den Menschen."

Wenn man sich die jeweiligen Situationen anschaut – ebenso wie bei der Begebenheit in *Apostelgeschichte 22*, als Paulus auf seinen Status als römischer Bürger beharrt –, sieht man, worum es hauptsächlich geht.

Nämlich darum, dass die damaligen Machthaber verhindern wollten, dass sich das Evangelium und die Lehre der Christen ausbreiten.

Aber diese Klausel zu ziehen, weil eine Obrigkeit für eine kurze Zeit Kirchen *und* Freudenhäuser schließt oder Singverbote für Kirchen, Gemeinden *und* Männergesangvereine erteilt, ist an Lächerlichkeit nicht zu überbieten.

Und das auch noch angesichts der Tatsache, dass an keiner einzigen Stelle in der Bibel die Zusammenkünfte der Gläubigen oder das Singen so klar und unverrückbar befohlen und terminiert werden, dass sie, wie Leute wie Nestvogel es formulieren, angeblich *unverhandelbar* seien.

Aber Nestvogel legt sogar noch weiter nach.

Und jetzt wird es skurril.

Denn nun geht es ums Grundgesetz.

Nestvogel zitiert zwei Artikel daraus.

Einmal Artikel 2, einmal Artikel 4.

Jeweils Absatz 2.

Artikel 2, Absatz 2, lautet:

"Jeder hat das Recht auf Leben und körperliche Unversehrtheit. Die Freiheit der Person ist unverletzlich. In diese Rechte darf nur auf Grund eines Gesetzes eingegriffen werden."

Artikel 4, Absatz 2:

"Die ungestörte Religionsausübung wird gewährleistet."

Und jetzt kommt der rhetorische Kunstgriff Wolfgang Nestvogels zu dem Ziel, auf das er die ganze Zeit hingearbeitet hat.

Sein Argument lautet nämlich wie folgt:

Das Recht auf Leben und körperliche Unversehrtheit sei nur *bedingt* und nicht absolut.

Denn schließlich könne es ja durch ein Gesetz verändert werden.

Dahingegen sei das Recht auf ungestörte Religionsausübung *unbedingt*.

Abgesehen davon, dass das Motiv, das Nestvogel hier leitet und zu dem wir gleich noch kommen werden, einen wirklich unfassbaren Zynismus und eine unglaubliche Menschenverachtung offenbart:

Seine Interpretation der beiden Gesetzesartikel ist schlichtweg unsinnig.

In Artikel 2 lautet das entscheidende Wörtchen *'nur'*.

Denn damit ist gemeint, dass das Recht auf Leben und körperliche Unversehrtheit so hohe Priorität genießt, dass darin nur im Sinne von *ausschließlich* per Gesetz eingegriffen werden kann.

Es wäre also ein neues Gesetz nötig, um dieses Recht anzutasten.

Und welche Hürden dazu in Deutschland überwunden werden müssen, sollte man wissen.

Artikel 4 wiederum hat seinen Ursprung angeblich schon im neunzehnten Jahrhundert, basiert aber vermutlich auch auf den Erfahrungen der Gesetzgeber mit dem Dritten Reich.

Und mit der Verankerung der freien und ungestörten Religionsausübung ins Grundgesetz wollten sie sicherstellen, dass niemand aus *ideologischen, machttaktischen* oder *sonstigen niederen Motiven* die Gläubigen an der Ausübung hindern kann.

Das hat aber nicht das Geringste damit zu tun, dass man in einem Notfall nicht in die Abläufe einer religiösen Gemeinde eingreifen dürfte.

Stell Dir vor, Deine Gemeinde hat Räumlichkeiten in einem größeren Einkaufszentrum angemietet.

Während des Gottesdienstes bricht im benachbarten Tattoo-Studio ein Brand aus.

Also kommt die Feuerwehr und ordnet eine vollständige Evakuierung des Gebäudes an, um den Brand bekämpfen zu können.

Will dann etwa irgendeiner unter Berufung auf Artikel 4 GG die Evakuierung verweigern und sitzen bleiben?

Nestvogels gesamte Interpretation dieser Gesetzestexte ist vollkommen daneben.

Das sieht auch *Daniel Rudolphi* so, Verfasser des schon erwähnten und noch ausführlicher zu besprechenden Textes in der *Zeitschrift für Religion und Weltanschauung.*[110]

Er formuliert es folgendermaßen:

"Selbstverständlich ist das Recht auf freie Religionsausübung ein hohes Gut. Doch wird gerade in Extremsituationen, in denen es zu Güterabwägungen kommen muss, deutlich, dass eine derartig einseitige Befürwortung einer abstrakten Trennung von Kirche, Gemeinde und Staat eine grobe Simplifizierung der komplexen Verhältnisse darstellt, in der sich Dimensionen des Menschseins und entsprechende Dimensionen staatlicher Verantwortung vielfach überlagern."

---

[110] EZW Berlin: https://www.ezw-berlin.de/publikationen/zeitschrift-fuer-religion-und-weltanschauung/
https://www.ezw-berlin.de/publikationen/zeitschrift-fuer-religion-und-weltanschauung/

Aber wie gesagt, viel wichtiger ist ja die *Motivation*, die hinter Nestvogels Aussagen steckt.

Denn die Frage ist ja, *warum* er so darauf besteht, dass das Recht auf Leben und körperliche Unversehrtheit nur bedingt ist, das auf freie Religionsausübung jedoch unverhandelbar.

Der Grund liegt schlicht und ergreifend in seinem Gang zum Bundesverfassungsgericht.

Denn da hat er ja versucht, das Recht auf lautes Singen entgegen der ärztlichen Empfehlungen oder obrigkeitlichen Vorgaben juristisch durchzusetzen.

Er wollte also faktisch einen Freibrief dafür, Menschen durch das laute Singen gefährden zu dürfen.

Und das rechtfertigt er hier damit, dass die freie Religionsausübung wichtiger sei als das Leben und die Gesundheit der Gemeindemitglieder oder deren nachfolgende Sozialkontakte.

Und gerade Letzteres ist von entscheidender Bedeutung.

Denn Nestvogel und Konsorten argumentierten bei all ihren Initiativen immer damit, dass die jeweiligen Gottesdienste ja ausschließlich von *Freiwilligen* besucht werden.

Und ließen dabei komplett unter den Tisch fallen, dass besagte Freiwillige auch noch ein soziales Leben außerhalb der Gemeinde haben.

Das drückt sich dann in der sogenannten Kausalkette aus, die ich schon vor langer Zeit mal formuliert habe.

Und die nicht nur einer dieser Leugner allen Ernstes für lächerlich erklärt hat.

Und zwar wörtlich.

11.01 Die Kausalkette

Diese geht so:

- *Die BEG Hannover feiert Gottesdienst.*
- *Es wird laut gesungen.*
- *Ein Gemeindemitglied ist mit Corona infiziert.*
- *Es hat keine Symptome.*
- *Es ist ansteckend.*
- *Es hat eine hohe Virenlast.*
- *Vielleicht weil es nicht geimpft ist.*
- *Es singt laut mit.*
- *Es steckt seinen Nebenmann an.*
- *Der geht nach Hause und trifft Mitte der kommenden Woche seinen alten und kranken Opa.*
- *Dieser infiziert sich.*
- *Und stirbt.*

Wie kann man angesichts dieser ebenso einfachen wie zwingenden Logik allen Ernstes behaupten, so etwas hätte nicht genauso passieren können?

Übrigens ist es in meinem Wohnort *tatsächlich* bei der Chorprobe einer christlichen Gemeinde zu einem größeren Ausbruch gekommen, bei dem mehrere Menschen infiziert wurden und teilweise extrem schwer erkrankten.

Und das lässt Nestvogel mal eben unter den Tisch fallen.

Ist das *nicht* der Gipfel der Menschenverachtung und des Zynismus?

Und es kommt noch etwas dazu:

Die Tatsache, dass Nestvogel wie beschrieben das Gesetz entsprechend umdeuten will, bedeutet auch, dass er ganz genau *weiß*, worum es da geht.

Das ist möglicherweise von entscheidender Bedeutung, wenn es später um die Frage geht, ob man nach bestem Wissen und Gewissen argumentiert und handelt, ob man verblendet ist oder ob man das alles vorsätzlich und bewusst tut.

Darüber denken wir aber nach, wenn es soweit ist.

Vorher noch eine abschließende Aussage Nestvogels aus besagtem Vortrag, die den Irrweg der Corona-Leugnung ein weiteres Mal auf den Punkt bringt.

Er sagt nämlich, er sauge sich seine Aussagen nicht aus den Fingern.

Vielmehr hätten sie *etliche Mediziner* in der Gemeinde, von denen er sich das, was er anschließend sagen wolle, vorher absegnen ließe.

Später, während der *Zweiten ACCH-Konferenz*, legt er nach und sagt, man sei in der Gemeinde gesegnet mit *vielen begabten, gründlich arbeitenden Medizinern.*

Lass uns darüber mal nachdenken.

So eine mittelgroße christliche Gemeinde hat vermutlich durchschnittlich eins bis fünf Ärzte in ihren Reihen.

Vielleicht ist es eine gutbürgerliche Gemeinde, so eine Art *christliche FDP*, wo mehr Akademiker und andere hochgestellte Menschen dazugehören.

Dann sind es vielleicht sogar zehn Mediziner.

Großzügig geschätzt.

Und diese zehn Leute aus der BEG Hannover legen nun fest, wie Virusbekämpfung auszusehen hat.

Wenn es überhaupt eine geben soll.

Und stehen damit im Widerspruch zu der überwältigenden Mehrheit der Experten weltweit.

Tatsächlich ist es so, dass der Anteil derer, die konträre Positionen zum allgemeinen medizinischen Konsens vertreten, auf etwa *zwei Prozent* geschätzt wird.

Leider kann ich den Artikel, in dem ich das gelesen habe, nicht mehr finden und deshalb auch nicht verlinken.

Die Aussage deckt sich aber mit den Beobachtungen, die man so macht.

Zwei Prozent Gegenexperten, die behaupten, das Virus sei harmlos, die Maßnahmen sinnlos bis schädlich, lautes Singen mache keinen Unterschied und die Impfung sei unwirksam bis ebenfalls schädlich.

Und Nestvogel nimmt im Herbst 2020 deren Aussagen als Handlungsanweisung her.

In einer Zeit also, in der man bestenfalls noch nicht abschließend wissen konnte, wie es sich mit den oben beschriebenen Sachverhalten wirklich verhält.

In Wirklichkeit wusste man zu dieser Zeit sehr wohl, wo der Hase läuft.

Und das hätte man auch in der BEG Hannover wissen können.

Beispielsweise dann, wenn man zur Kenntnis genommen hätte, was exakt 89,7 Kilometer entfernt im Hanns-Lilje-Heim zu Wolfsburg geschehen ist.

Aber selbst wenn wir im Sinne maximalen Entgegenkommens so tun, als wäre alles noch offen gewesen, selbst dann war es doch der pure Wahnsinn, in solch einer Situation auf den Rat einer derart kleinen Minderheit zu hören.

Was für eine Situation ist das eigentlich?

Nun zitiere ich zum ersten Mal den angekündigten Satz aus dem besagten Wikipedia-Artikel, der das Ganze auf den Punkt bringt:

"Jeder, der mit großer Reichweite umstrittene Positionen zur Pandemie vertritt, muss bedenken, dass es dabei um Leben oder Tod geht."

Nochmal:

"Jeder, der mit großer Reichweite umstrittene Positionen zur Pandemie vertritt, muss bedenken, dass es dabei um Leben oder Tod geht."

Das, lieber Leser, ist der Punkt.

- *Hier geht es nicht um die richtige Kleidung für die Frauen.*
- *Nicht um die Sitzordnung im Gottesdienst.*
- *Nicht um die Frage nach Einzel- oder Sammelkelchen beim Abendmahl.*
- *Nicht um die Auswahl des passenden Liedguts.*

Hier geht es um Leben und Tod.

Um das irdische Leben.

Das Leben, das für den Nichtgläubigen alles ist.

Und für den Gläubigen das zweitwichtigste, was es gibt.

Denn auch wenn Christen die Hoffnung auf ein ewiges Leben haben, wogegen die paar Jahre auf der Erde ein Windhauch sind:

Gott selbst hat diesem irdischen Leben eine immense Bedeutung verliehen.

Das zeigt sich daran, dass der Überlebenstrieb der stärkste unserer Antriebe ist.

Das zeigt sich daran, wie es uns aus der Bahn wirft, wenn ein geliebter Mensch stirbt.

Das zeigt sich an der Auferweckung diverser Menschen, von denen die Bibel berichtet.

Es zeigt sich an der Verheißung, dass denen, die ihre Eltern ehren, ein langes Leben (in dem Lande) geschenkt wird.

Und es zeigt sich an dem Versprechen Gottes an Salomo, dass auch dieser ein langes Leben haben werde, wenn er sich so verhielte wie sein Vater David.

Wie also können Menschen, die sich Christen nennen, die an diesen gerade erwähnten Gott und an sein Wort glauben, das irdische Leben, und noch dazu das der anderen, derart gering schätzen?

Das ist schlichtweg unfassbar.

Übrigens war diese beschriebene Vorgehensweise der Leugner von Anfang an das, was mich am meisten gewundert hat.

Nämlich, dass man in derart wichtigen Fragen einer verschwindenden Minderheitenmeinung folgt und nicht der überwältigenden Mehrheit.

Denn Galilei war eine Ausnahme.

Der Normalfall in der Wissenschaft ist, dass die Mehrheit richtig liegt.

Damit soll es gut sein, was diesen Vortrag von Wolfgang Nestvogel betrifft.

Und zwar mit dem treffenden Zitat von Wilfried Plock dazu:

"Dieser Vortrag hätte so nie gehalten geschweige denn veröffentlicht werden dürfen!" [111]

Nun zu einem weiteren Gedanken zum Umgang mit der Obrigkeit:

---

[111] Apologia: Staatsbürger oder Untertan
https://www.apologia.info/staatsbuerger-oder-untertan-eine-kritische-rezension-von-wilfried-plock/

11.02 Der vorauseilende Gehorsam

Stell Dir vor, die Grünen kommen bei der nächsten Bundestagswahl erneut in Regierungsverantwortung.

Könnte ja passieren.

Und sie setzen eine neue, schärfere Feinstaubverordnung durch.

Diese beinhaltet beispielsweise die Aufforderung, geteerte Parkplätze nach der Nutzung durch viele Autos abzuspritzen.

Das klingt zwar verrückt, aber manch anderer grüner Geistesblitz klingt ja nicht unbedingt besser, nicht wahr?

Nun hattet Ihr also einen schönen Gottesdienst; ohne Maske konntet Ihr laut und inbrünstig Lieder wie *"Allmächtiger, vor dir im Staube"* singen.

Oder Ähnliches.

Das mit dem Staub erinnert Dich dann wieder an die staatliche Anordnung.

Nun ist es aber so, dass ausgerechnet während dieses Liedes, in dem ja vom *Schöpfer der Natur* die Rede ist, ebendiese Natur sich in Form eines Regengusses offenbart.

Somit sollte der von den parkenden Autos mitgebrachte Feinstaub eigentlich weg sein.

Es ist also aller menschlichen Vernunft nach unnötig, jetzt noch den Parkplatz abzuspritzen.

Nun gibt es aber die staatliche Vorgabe.

Und dummerweise ging die heutige Predigt auch noch über Römer 13.

Was also jetzt tun?

Vernünftig sein?

Oder untertan?

Je nach Perspektive ist das durchaus ein kleines Dilemma.

Ich persönlich würde den Parkplatz *nicht* nochmal wässern.

Damit spreche ich einen der Aspekte an, die ich mit diesem albernen, vorne und hinten hinkenden Beispiel verdeutlichen will:

Ob *ich persönlich* dem Staat gehorche oder nicht, ist eine Sache.

Beispielsweise ist es realistischerweise so, dass vermutlich niemand von uns während der Pandemie immer und überall zu hundert Prozent die staatlichen Vorgaben eingehalten hat.

Das habe *ich* auch nicht.

Zwar sehr selten, aber einige Male war auch ich nicht konsequent mit Maske und Abstand.

Und wenn ich jemanden diesbezüglich der Sünde bezichtige, heißt das ehrlicherweise nicht, dass ich davor vollständig gefeit bin.

Stichwort Splitter und Balken.

Und es ist, wenn man ehrlich ist, selbstverständlich auch so, dass auch das vorsichtigste Verhalten letztlich ein Abwägen ist.

Nämlich ein Abwägen zwischen dem absoluten Schutz des Nächsten und der allerhöchsten Zumutbarkeit bezüglich der Maßnahmen, die dafür nötig sind.

Denn hundertprozentige Sicherheit in einer Pandemie bestünde ja nur, wenn sich tatsächlich niemand mehr träfe, bis das Virus ausgerottet wäre.

Nun reden wir aber von *Institutionen*.

Von menschlichen Zusammenschlüssen.

Von christlichen Gemeinden.

Menschliche Zusammenschlüsse funktionieren durch Regeln und Vorgaben.

Es gibt kein Szenario, in dem mindestens zwei Personen komplett ohne Regeln und Vorgaben interagieren können.

Gäbe es keine Regeln und Vorgaben, wüssten sie nicht einmal, wann und wo sie sich treffen sollen.

Die Art und Weise des Zusammenkommens muss also geregelt werden.

Während einer Pandemie wird dann geregelt, wie der größtmögliche Schutz der Gemeindemitglieder und darauf aufbauend auch der ihrer Sozialkontakte auszusehen hat.

Und hier wiegt es natürlich ungleich schwerer, wenn die jeweiligen Gemeinderegeln so locker gehandhabt werden, wie wir es teilweise als Einzelpersonen tun.

Denn wenn sich jemand aufgrund mangelhafter Umsetzung der Hygienevorgaben durch die Gemeinde infiziert und schwer erkrankt oder gar stirbt, trägt in erster Linie die Gemeinde die Verantwortung.

Und die trägt sie ausdrücklich auch, wenn es tatsächlich nur *einen einzigen* trifft.

Einverstanden?

Nun wird von manchen beklagt, einige Gemeinden hätten sich während der Pandemie durch den sogenannten *vorauseilenden Gehorsam* ausgezeichnet.

Damit ist gemeint, dass sie mehr zur Virusbekämpfung getan haben, als eigentlich von der Obrigkeit verlangt wurde.

Denn auch die Obrigkeit wägt ja ab zwischen dem Schutz des Lebens und der Gesundheit und all den anderen Faktoren, die von den jeweiligen Maßnahmen beeinflusst werden.

Stichwort Kollateralschäden.

Insofern werden die staatlichen Maßnahmen potenziell zumindest theoretisch als übertrieben empfunden werden.

Oftmals wird auch das genaue Gegenteil der Fall sein.

Je nach Sichtweise.

Dann kam das Ende des ersten Lockdowns im Frühjahr beziehungsweise Frühsommer 2020.

Damals wurde das Geschrei, endlich wieder zu öffnen, so heftig, dass der Lockdown mehrere Wochen zu früh beendet wurde.

Wäre man in diesem Moment dem Rat der Experten gefolgt und hätte noch zwei, drei Wochen abgewartet, wären spürbar weniger Opfer zu verzeichnen gewesen.

Außerdem wäre wohl auch die zweite Welle glimpflicher ausgefallen.

Und abgesehen von diesen Er- und Abwägungen steht die christliche Gemeinde eben in der Verantwortung für *jeden Einzelnen*.

Somit gibt es das Prädikat *vorauseilender Gehorsam* nicht!

Nachfolgend nun ein paar Beispiele dafür, wie sich manche Christen während und zu der Pandemie geäußert haben.

12 Die Aussagen der Leugner

Hier kommen also jetzt einige Zitate christlicher Corona-Leugner.

Dazu ist vorab einiges zu sagen:

Erstens, dass die folgende Auflistung keinerlei Anspruch auf Vollständigkeit erhebt.

Das liegt daran, dass eine umfassendere Betrachtung den Rahmen total sprengen würde.

Allerdings denke ich, dass auch der hier präsentierte Ausschnitt genügt, um sich ein Bild zu machen.

Zweitens wird es in der Folge um einige sehr wichtige Fragen gehen.

Nämlich die, ob unbelegte Unterstellungen gegenüber Dritten als Verleumdung und somit als Sünde zu werten sind.

Und um die, ob eine unwissentlich weitergegebene Falschinformation als Lüge oder falsch Zeugnis reden zu werten ist und demzufolge ebenfalls als Sünde.

Entscheidend sind diese Fragen jedoch nicht, denn es liegen auch genügend glasklar *nachweisbare* Lügen der hier behandelten Protagonisten vor.

Fangen wir also an.

12.01 Wolfgang Nestvogel

Leider hatte ich zwischenzeitlich alles gelöscht, was ich zum Thema Corona gespeichert hatte.

Deshalb kann ich nicht mehr für alle Aussagen Wolfgang Nestvogels die konkreten Quellen präsentieren.

Ich verbürge mich jedoch dafür, dass die jeweilige Äußerung so gefallen ist!

01

Vortrag *Statement aus der Quarantäne*[112]

*"Wir haben zu keinem Zeitpunkt bestritten dass es durchaus schwere Verläufe geben kann. Die Zahlen belegen aber, dass es sich dabei um **Ausnahmen** handelt und dass die klassischen Gefährdungsgruppen klar zu definieren und zu schützen sind!"*

Kommentar dazu:

Erstens habe ich hoffentlich nachvollziehbar dargelegt, dass das mit dem Schutz allein der Gefährdungsgruppen unsinnig ist.

Warum also sagt Nestvogel so etwas?

Ist er nicht über die 21 Millionen Hochrisikopersonen informiert?

Versteht er es nicht besser?

Oder ist es ihm egal, was er da erzählt?

Zweitens waren am Tag, bevor er diesen Vortrag bei YouTube veröffentlicht hat, insgesamt *92.857* Menschen als an oder mit Corona gestorben gemeldet.[113]

Das zum Thema *Ausnahmen*.

Und was die schweren Verläufe angeht, auf die sich Nestvogel bezieht:

288.567 Menschen waren bis zu diesem Tag wegen Corona insgesamt hospitalisiert gewesen.

Vielleicht sollte Nestvogel an dieser Stelle verdeutlichen, was er unter einem schweren Verlauf versteht.

---

[112] YouTube: Nestvogel, Statement aus der Quarantäne
https://youtu.be/iwSB95mlahs
[113] RKI: Situationsbericht 17.09.2021
https://www.rki.de/DE/Content/InfAZ/N/Neuartiges_Coronavirus/Situationsberichte/Sept_2021/2021-09-17-de.html

Für mich wäre ein Verlauf, der mich ins Krankenhaus bringt, schwer genug.

Was meinst Du?

Später hat Nestvogel in einem anderen Vortrag von *tragischen Einzelfällen* gesprochen.

Zu einem Zeitpunkt, wo nochmal deutlich mehr Menschen an dem Virus gestorben waren.

Leider weiß ich nicht mehr, in welchem Vortrag diese Aussage gefallen ist.

Im Übrigen ignoriert Nestvogel auch hier wieder einmal das Präventions-Paradoxon.

So wie es halt jeder Corona-Leugner konsequent ignoriert.

An dieser Stelle übrigens die Auflösung zu der Frage, inwieweit der berühmte Schritt zurück und das Erklimmen der nächsten Denkebene hilfreich sein kann, um ein besseres Bild zu bekommen.

Wie im Vorwort erwähnt beklagte Wolfgang Nestvogel ja die Tatsache, dass im September 2020 erst ungefähr neuntausend Menschen an oder mit dem Corona-Virus gestorben waren.

Was den durchschnittlichen normalen Todesfällen in Deutschland von vier Tagen entspricht.

Und dass deshalb die Anstrengungen, die man gegen die Verbreitung des Virus unternahm, völlig überzogen seien.

Das klingt auf den ersten Blick nachvollziehbar.

Dabei wird aber etwas Entscheidendes vergessen.

Nämlich die Tatsache, dass die zweieinhalbtausend Todesfälle pro Tag in Deutschland die sind, die man trotz größter Anstrengungen nicht verhindern kann.

Ansonsten wird nämlich in unserem Land so gut wie alles dafür getan, Leben zu erhalten.

In der Medizin wird alles aufgefahren, was geht, um Leben zu erhalten.

Denk an Krebs und die miserable Überlebensprognose bei einzelnen Krebsarten.

Trotzdem wird alles Menschenmögliche getan.

Denk an den Verkehr, wo man ja sogar dafür bestraft wird, wenn man sich nur selbst gefährdet.

Siehe Gurtpflicht.

Denk an die zu Recht so beklagte Bürokratie in Deutschland, die aber teilweise darauf beruht, dass die Sicherheit der Menschen absoluten Vorrang hat.

Beispielsweise beim Baurecht.

Deshalb stürzen hierzulande auch weniger Turnhallen ein als anderswo.

Nein, es ist ganz und gar nicht so, dass man es wegen Corona mit dem Lebensschutz total übertreibt, während man ansonsten die Menschen einfach so sterben lässt.

02

Im selben Vortrag fordert Nestvogel die Regierung auf, das Geschehen in die Hände der *mündigen Bürger* zu legen.

Dazu verweist er auf Dänemark, wo gerade geöffnet wurde.

Was er dabei allerdings verschweigt, ist erstens, dass Dänemark ausdrücklich aufgrund der hohen Impfquote geöffnet hat.[114]

Also etwas, das Leute wie Nestvogel bekanntlich ablehnen.

Und was einen entscheidenden Unterschied zur Situation in Deutschland darstellt.

Und er verschweigt auch, dass die Dänen bei der Öffnung angekündigt haben, sofort wieder zu schließen, wenn sich die Situation änderte.

Was zwei Monate später auch genauso geschehen ist.[115]

Dies ist übrigens nicht das einzige Beispiel für die kurzsichtige Argumentation der Leugner trotz einer höchst dynamischen Situation, die, wie jeder wusste, wellenförmig verläuft.

---

114 Blick: Corona Dänemark
https://www.blick.ch/ausland/politologe-michael-bang-petersen-erklaert-die-hohe-impfquote-von-daenemark-regierung-opposition-und-medien-zogen-an-einem-strang-id16892433.html
115 Zeit: Dänemark Corona
https://www.zeit.de/news/2021-11/12/erste-corona-beschraenkungen-in-daenemark-wiedereingefuehrt

03

Dann gibt Nestvogel eine weitere Kostprobe seines rhetorischen Geschicks, das letztlich wieder nichts anderes ist als Manipulation:

"... auch dafür gilt was Jesus Christus gesagt hat: Kommt her zu mir alle, die ihr mühselig und beladen seid, ich will euch Frieden geben. Jesus hat nicht gesagt: Kommt her zu mir, alle die ihr geimpft oder getestet oder genesen seid!"

Was Jesus Christus als Teil der göttlichen Dreieinigkeit zu diesem Thema tatsächlich gesagt hätte, finden wir in seinem eigenen Wort an uns.

Und zwar im dritten Buch Mose, wo es um das Verhalten bei Aussatz geht.

04

In seinem Vortrag *Staatsbürger oder Untertan* sagt Nestvogel (sinngemäß):

"Wir tun alles, um die Gesundheit zu schützen, natürlich!"

Das sagt also der Mann, der bis zum Bundesverfassungsgericht gezogen ist, um sich das Recht zu erstreiten, die Gesundheit Dritter gefährden zu dürfen.

05

In mehreren Vorträgen beklagt Nestvogel den *erschreckenden Anstieg der Suizidrate.*

Bis dahin liegt keine aktuelle Todesursachenstatistik vor.

Als diese kurz nach dem ersten Vortrag erscheint, zeigt sie eine Veränderung von fünf Prozent.[116]

Und zwar *minus.*

Nestvogel wird darauf aufmerksam gemacht.

Hat er seine Aussage korrigiert?

Nein.

Er wiederholt sie unverändert.

---

[116] Destatis: Vorläufige Todesursachenstatistik 2020
https://www.destatis.de/DE/Presse/Pressemitteilungen/2021/07/PD21_327_23211.html

Einige Monate später wird die zunächst nur vorläufige Todesursachenstatistik korrigiert und weist nun eine Zunahme der Suizide um 1,8 Prozent auf.[117]

Ist das jetzt *erschreckend*?

Ganz sicher nicht.

Wobei jeder einzelne Fall furchtbar ist, das soll keinesfalls kleingeredet werden.

Aber es ist außerdem unsinnig, so etwas ausschließlich auf Lockdowns zu schieben, wie es Nestvogel tut.

Ebenso wie *Matze Koch*.

Der behauptete allen Ernstes, ein vormals vollkommen gesunder und lebensfroher Mitarbeiter habe sich ausschließlich wegen dem Lockdown umgebracht, weil er keinen Sinn mehr im Leben gesehen habe.

So viel Unkenntnis bezüglich der menschlichen Psyche lässt einem die Haare zu Berge stehen.

06

In einem Vortrag im Mai 2021 zitiert Nestvogel Ioannidis und dessen nachweislich falsche Zahlen zur Corona-Sterblichkeit.

Er wird darauf aufmerksam gemacht und bekommt das Ganze vorgerechnet.

Und verwendet Tage später dieselben falschen Aussagen im nächsten Vortrag erneut.

07

Nestvogel feiert in seinem Vortrag 'Unsere Verantwortung für die *säkulare Welt*' den "vorbildlichen" Weimarer Familienrichter *Dettmar*, der für zwei Schulen die Maskenpflicht aufheben wollte, obwohl er dafür gar nicht zuständig war.[118]

---

[117] Destatis: Todesursachenstatistik 2020
https://www.destatis.de/DE/Presse/Pressemitteilungen/2021/11/PD21_505_23211.html
[118] Tagesspiegel: Weimarer Richter
https://www.tagesspiegel.de/politik/hausdurchsuchung-bei-weimarer-familienrichter-4745524.html

Dann behauptet er, das *Oberlandesgericht Karlsruhe* habe in einem Urteil *"seine Rechtsprechung eindrücklich bestätigt"*.[119]

Das Oberlandesgericht Karlsruhe hat aber tatsächlich rein gar nichts dergleichen getan.[120]

Wie sollte es auch, schließlich liegt Weimar bisher noch nicht in Baden-Württemberg.

Das interessiert Nestvogel jedoch nicht.

Der holt sich dafür den nächsten Godwin-Punkt, indem er die aktuellen Corona-Leugner diesmal mit den Geschwistern Scholl auf eine Stufe stellt.

Wie gesagt, die Liste ähnlicher Aussagen Wolfgang Nestvogels ist nicht annähernd vollständig.

Sie ist aber typisch, indem sie aufzeigt, wie er permanent haarscharf an der Grenze zur Unwahrheit entlanglaviert.

Und sie immer wieder überschreitet.

Und wie er generell seine geschickte Rhetorik benutzt, um seine Zuhörer dahinzuführen, wo er sie haben will.

Ebenfalls auffällig ist seine Vorgehensweise, wenn es darum geht, Kronzeugen für seine Behauptungen zu finden.

Erstens sind die immer in irgendeiner Form brillant.

Was auf die Experten der Gegenseite natürlich nicht zutrifft.

Zweitens sind die meisten von ihnen, wenn man etwas genauer hinschaut, alles andere als brillant.

Und zwar sowohl ihren Charakter betreffend als auch ihre Expertise.

Bei nochmaligem Nachdenken ist das allerdings auch nicht weiter verwunderlich.

Denn es ist nun mal schwierig, einen seriösen Experten zu finden, der schwachsinnige Argumente vertritt.

---

[119] YouTube: Nestvogel, Unsere Verantwortung für die säkulare Welt
https://youtu.be/z3M3M_vCniQ
[120] RSW: Oberlandesgericht Karlsruhe, Corona
https://rsw.beck.de/aktuell/daily/meldung/detail/olg-karlsruhe-kein-verweis-an-verwaltungsgericht-im-streit-um-kindeswohl-gefaehrdung-durch-corona-massnahmen

12.02 Matze Koch

Der Facebook- und YouTube-Prediger Matze Koch betätigt sich seit Anbeginn der Pandemie als Corona-Verharmloser.

Er parodiert *Angela Merkel* und unterstellt ihr Hörigkeit gegenüber *Christian Drosten*.

Er nennt Lauterbach *Coyote*, vermutlich wegen *Coyote Carl*, und zieht ihn durch den Kakao, wo er nur kann.

Bhakdi lobt er dagegen in den Himmel.

Auch dann noch, als der längst als Scharlatan enttarnt war und beispielsweise in Österreich das sogenannte *Goldene Brett vorm Kopf* erhalten hatte.[121]

Oder wegen Antisemitismus angeklagt war.

Allerdings gehört zur Wahrheit auch, dass er diesbezüglich freigesprochen worden ist.[122]

Was mich ebenso entsetzt hat wie die jüdische Werteinitiative.

Denn Folgendes hat er gesagt – ich zitiere aus dem Artikel:

'Die Juden seien ein "*Volk, das geflüchtet ist aus diesem Land, aus diesem Land, wo das Erzböse war, und [sie] haben ihr Land gefunden, haben ihr eigenes Land in etwas verwandelt, was noch schlimmer ist, als Deutschland war*". Das "*Schlimme an den Juden*", meinte Bhakdi in dem Video, sei, dass sie sehr lernfähig seien. "*Es gibt kein Volk, das besser lernt als sie. Aber sie haben das Böse jetzt gelernt – und umgesetzt.*"'

Natürlich feierten die Corona-Leugner den Freispruch.

Gerade so, als sei damit nun erwiesen, dass Bhakdi mit seinen abstrusen Behauptungen zum Virus richtig gelegen hat.

Nestvogel geht übrigens genauso vor wie Koch.

Alle seine Kronzeugen lobt er in den Himmel. Die sind wahlweise *bekannt, renommiert, erfahren, brillant* und was auch immer.

Für die anderen findet er solche Worte nicht.

Aber wieder zurück zu Koch.

---

[121] Standard: Bhakdi, Goldenes Brett vorm Kopf
https://www.derstandard.de/story/2000122528159/goldene-brett-vorm-kopf-geht-antehlalarm-autor-sucharit-bhakdi
[122] Tagesschau: Bhakdi freigesprochen
https://www.tagesschau.de/investigativ/freispruch-coronamassnahmen-bhakdi-100.html

Der erzählt seinem dankbaren Publikum Ende Oktober 2020, eine Impfung werde noch *Jahre* dauern.[123]

Zwei Monate später beginnt in Deutschland das Impfen.

Im selben Vortrag vom 29. Oktober 2020 sagt er Folgendes:

"Wir huldigen dir, o Lockdown. Vielen Dank, dass du uns vor dem Bösen bewahrst und dass du uns immer nahe bist. … Vielen Dank auch, lieber Mundschutz, du wirst uns retten. Und wir danken dir, dass es dich gibt in hundertfacher Ausführung und dass du verhinderst, dass wir kein Klopapier mehr haben."

Und

"Ich habe Christen erlebt, die sagten: 'Hoffentlich gibt es bald einen Impfstoff.' Wenn ihr Christen sein wollt, dann seid es auch wirklich, dann vertraut auf Gott und vertraut nicht blind der Wissenschaft, der Maske, Frau Merkel, Herrn Drosten."

Am 22. November 2020 beklagt er in seiner sonntäglichen sogenannten Andacht den starken Anstieg der Maserntoten aufgrund der Lockdowns.[124] [125]

Ich hatte davon noch nie etwas gehört und merkte auf.

Koch sagte, aufgrund der Lockdowns sei die Zahl der Maserntoten um fünfzig Prozent von 200.000 auf 300.000 gestiegen.

Dies liege daran, dass niemand mehr in die betroffenen Gebiete fliege und beispielsweise impfe.

Als Beleg für seine Aussage verlinkte er zwei Artikel.

Einen von *T-Online*, einen von der *Tagesschau*.

Da ich normalerweise prüfe, was vor mich kommt, habe ich mir die beiden Artikel angeschaut.

Und siehe da:

Es gab tatsächlich einen Anstieg bei den Maserntoten um fünfzig Prozent.

Allerdings nicht *von* 200.000 auf 300.000.

---

123 Matze Koch, YouTube, 29.10.2020
https://youtu.be/yvzWW5W95ec
124 YouTube: Matze Koch, Masern, 22.11.2020
https://www.youtube.com/watch?v=-MCFQuEJdCY
125 Facebook: Matze Koch, Masern, 22.11.2020
https://www.facebook.com/matzekochoffiziell/videos/380594753202313/

Sondern *auf* 200.000.

Genauer gesagt auf 207.500.

Das heißt also, von etwa 138.000 auf ebendiese 207.500.

Außerdem fand dieser Anstieg in den Jahren 2016 bis 2019 statt.

Also in einer Zeit, wo man Corona noch für eine Biersorte und einen Lockdown allenfalls für einen neuen Superkleber oder einen klemmenden Reißverschluss hielt.

Ich konfrontierte Matze Koch mit diesen Fakten.

Weil die Atmosphäre zwischen uns zu diesem Zeitpunkt schon ziemlich geladen war, nannte ich ihn dabei *Lügner*.

Und was tat er?

Er empörte sich über die Bezeichnung Lügner.

Und tat ansonsten gar nichts.

Er hat seine Falschaussagen weder korrigiert noch aus dem Netz genommen.

Und die Belege, die seine Behauptungen angeblich bestätigen, ihn aber faktisch klar entlarven, ebenfalls nicht.

Bis heute.

Das fällt Dir schwer zu glauben?

Dann schau es Dir selbst an.

Unter dem Facebook-Link findest Du die Anlagen.

Der von der Tagesschau scheint mittlerweile überholt zu sein.

Der von T-Online funktioniert.

Vielleicht hörst Du Dir auch mal die gesamte sogenannte *Andacht* an.

Und achtest darauf, dass der Mann darin ausgerechnet vom *Virus Sünde* spricht.

Während er nach Strich und Faden die Leute belügt.

Übrigens sind besagte Lügen unter damals etwa 180 Kommentatoren außer mir lediglich noch *einem einzigen* aufgefallen.

Das ist ein weiteres Indiz dafür, wie es um die geistige und geistliche Urteilskraft der Zuhörer bestellt ist.

Übrigens:

Es gibt derzeit erneut einen Anstieg bei den Maserntoten.[126]

Und der wird zum Teil auch auf die Corona-Pandemie zurückgeführt.

Aber das ändert nichts an den Lügen des Matze Koch.

Als Nächstes ein paar Beispiele von der Internetseite des ACCH, die ebenfalls zeigen, wie es der mit der Wahrheit hält.

Erstens:

[126] Focus: Zahl der Masern-Todesfälle steigt enorm
https://www.focus.de/gesundheit/news/zahl-der-masern-todesfaelle-steigt-enorm-so-koennen-sie-sich-schuetzen_id_247335884.html

12.03 Das Verbot der Präsenz-Gottesdienste

Da gibt es einen Artikel mit der Überschrift

"Verbot von Präsenzgottesdiensten war rechtswidrig"[127]

Lieber Leser, was hast Du gedacht, als Du das gerade gelesen hast?

Du hast gedacht, hier geht es um die Kirchenschließungen während Corona-Lockdowns, richtig?

Natürlich!

Und genau das *solltest* Du auch denken.

Genau das wollte der ACCH erreichen.

Wobei der Titel ursprünglich von IDEA stammt und vom ACCH lediglich übernommen wurde.

Der kennzeichnet den Titel aber nicht als von einer anderen Quelle übernommen.

Und setzt dem einen noch drauf, indem er in seinem eigenen Beitrag im ersten Satz Folgendes schreibt:

"Ein Urteil des Verwaltungsgerichts Minden weist beispielhaft nach, wie übergriffig und rechtswidrig sich Behörden und 'Obrigkeit' in der Corona-Krise teilweise verhalten haben."

Mit *beispielhaft* wird natürlich ebenfalls ein Bezug zu den Lockdowns hergestellt.

Und man legt nach. Im letzten Absatz wird Peter Dridiger zitiert, Pastor der betroffenen Gemeinde und ACCH-Mitglied:

"Die Bibelgemeinde hat sich mit ihrer Klage gegen das Gottesdienstverbot nicht dem Staat widersetzt, sondern eine grundgesetzwidrige Entscheidung der Exekutive vor Gericht gebracht. Gerade damit habe sie dem Recht des Staates zur Durchsetzung verholfen und für zukünftige Konfliktfälle einen markanten Präzedenzfall geschaffen."

Ein Präzedenzfall also auch noch.

Ein Link zu dem in Minden ergangenen Urteil fehlt übrigens.

Ich habe es mir von besagtem Gericht besorgt.

Du kannst es auch einsehen, wenn Du dem Link folgst.[128]

---

127 ACCH: Verbot von Präsenzgottesdiensten war rechtswidrig
https://acch.info/2022/12/15/verbot-von-praesenzgottesdiensten-war-rechtswidrig/
128 Justiz NRW: Urteil zu Kirchenschließungen in Lage
https://www.justiz.nrw.de/nrwe/ovgs/vg_minden/j2022/7_K_1188_21_Urteil_20221118.html

Und wenn Du es Dir durchliest, wird Dir sehr schnell klar werden, warum der ACCH den Link, nun ja, *vergessen* hat.

Denn hier geht es nicht um Kirchenschließungen im Lockdown.

Hier geht es um rein gar nichts Beispielhaftes.

Außer um ein weiteres Beispiel für die Geringschätzung menschlichen Lebens durch Mitglieder des ACCH.

In einer Gemeinde im dortigen Stadtgebiet hatte es einen Cluster-Ausbruch gegeben.

Trotz angeblich vorhandenen Hygienekonzepts.

Und das in einer Situation, in der, wie aus dem Urteil hervorgeht, die Kapazitäten der Krankenhäuser an der Grenze waren.

Und da geht eine andere Gemeinde her und klagt.

Man muss sich da nur mal vorstellen, was die säkulare Welt da gedacht haben wird.

Die eine fromme Truppe ist dafür verantwortlich, dass die Inzidenzen in die Höhe schießen. Und die nächste geht jetzt vor Gericht, um dasselbe tun zu dürfen.

Übrigens ist besagtes Urteil, wie man ebenfalls lesen kann, noch aus einem anderen Grund alles andere als *beispielhaft*.

Der beklagten Stadt wird nämlich nur vorgeworfen, man hätte das Ganze auch mit *milderen Mitteln* in den Griff kriegen können.

Und nicht zuletzt wird in dem Urteil das Vorgehen der Regierung während den Lockdowns ausdrücklich gerechtfertigt.

Und jetzt denken wir nochmal kurz über die Überschrift nach.

Ist die zufällig entstanden?

Nein, ist sie nicht.

Sie ist mit voller Absicht so gewählt worden.

Nicht von IDEA, denn da wird lediglich nüchtern über das Geschehen in Minden beziehungsweise Lage berichtet.

Aber vom ACCH ist sie dankbar übernommen und mit dem Zusatz *beispielhaft* versehen worden, in der klaren Absicht, die Leser zu manipulieren.

Nächstes Beispiel von derselben Homepage:

12.04 Die Niederlage des Rechtsstaats

"Eine Niederlage des Rechtsstaates"[129]

Unter dieser Überschrift kommentiert der ACCH die schon erwähnte Affäre um den Weimarer Richter Dettmar.

Dieser ist mittlerweile wegen Rechtsbeugung verurteilt worden.[130]

Dabei kamen interessante Details ans Tageslicht.

Beispielsweise, dass er sein Urteil, für das er wie gesagt gar nicht zuständig war, aktiv vorbereitet und herbeigeführt hat.

Unter anderem, indem er gezielt pandemiekritische Eltern gesucht hat, deren Nachnamen mit den Anfangsbuchstaben begannen, für die er in seinem eigentlichen Ressort zuständig war.[131]

Dann hat er sich für seine Urteilsbegründung ausschließlich auf sogenannte *Gutachten* bereits bekannter Corona-Leugner berufen.

Diese Tatsachen haben jedoch den ACCH und seinen Mitgründer Wolfgang Nestvogel nicht beeindruckt.

Sie feiern den Weimarer Richter trotzdem.

Und berufen sich wieder einmal auf vermeintliche Experten.

In diesem Fall das *Netzwerk Kritischer Richter und Staatsanwälte*.

Einmal googeln, und das erste Schlagwort, das aufpoppt, lautet: *"Querdenker in der Justiz: Corona-Rebellen in Robe."*[132]

Die auf der Homepage des ACCH verlinkte Stellungnahme spricht ebenfalls für sich.

Das Ganze hat übrigens Methode, insbesondere bei Wolfgang Nestvogel.

Er lobt nicht nur seine speziellen Experten in den Himmel wie schon erwähnt.

129 ACCH: Eine Niederlage des Rechtsstaates
https://acch.info/2023/08/24/eine-niederlage-des-rechtsstaats/
130 MDR: Weimarer Richter wegen Rechtsbeugung verurteilt
https://www.mdr.de/nachrichten/thueringen/mitte-thueringen/weimar/masken-richter-corona-prozess-urteil-100.html
131 Bild: Weimarer Richter wegen Rechtsbeugung verurteilt
https://www.bild.de/regional/thueringen/thueringen-aktuell/prozess-in-erfurt-corona-richter-aus-weimar-zu-2-jahren-knast-verurteilt-85142704.bild.html
132 LTO: Querdenker in der Justiz
https://www.lto.de/recht/justiz/j/querdenker-corona-justiz-richter-staatsanwaelte-netzwerk-rechtsstaat-gefahr/

Nein, er stellt es rhetorisch durchaus geschickt immer so hin, als lägen immer die, die er favorisiert, mit ihrer Außenseitermeinung richtig, während die Mehrheit entweder schläft oder irgendwie beeinflusst wird.

Dasselbe tut er in seinem schon besprochenen Vortrag *'Staatsbürger oder Untertan'*.

Dort erwähnt er einen weiteren *brillanten* Kopf.

Es geht um Horst Dreier, der bis 2020 an der Universität Würzburg gelehrt hat und zeitweise auch Mitglied des Deutschen Ethikrates war.[133]

Laut Nestvogel ist dieser *"einer der führenden Staatsrechtler Deutschlands und war auch mal im Gespräch als einer der Kandidaten fürs Bundesverfassungsgericht. Und warum er es nicht geworden ist, hängt möglicherweise auch mit seiner Unabhängigkeit zusammen, die auch in diesem Statement zum Ausdruck kommt."*

Besagtes Statement beklagt die angebliche Rechtswidrigkeit des staatlichen Vorgehens im Hinblick auf die Religionsfreiheit.

Aber das ist nur am Rande von Bedeutung.

Viel interessanter ist ja, was Nestvogel hier suggeriert – und meines Erachtens hier auch eindeutig suggerieren *will*.

Jedenfalls war das *mein* erster Gedanke, als ich Nestvogels Worten lauschte.

Und zwar, dass Dreiers Berufung ans Bundesverfassungsgericht politisch verhindert wurde.

Was auch tatsächlich so ist, wie der nachfolgend verlinkte Artikel zeigt.[134]

Allerdings hatte das nichts mit Corona zu tun, sondern geschah bereits im Jahre 2010.

Viel wichtiger sind aber die *Gründe* dafür, weshalb er nicht berufen wurde.

Nämlich in erster Linie die Relativierung der Menschenwürde, unter anderem bezogen auf das ungeborene Leben.

---

[133] Wikipedia: Horst Dreier
https://de.wikipedia.org/wiki/Horst_Dreier
[134] Süddeutsche: Horst Dreier
https://www.sueddeutsche.de/politik/bundesverfassungsgericht-cdu-verhindert-wechsel-am-verfassungsgericht-1.327900

Falls Du es nicht bemerkt hast:

Hier wird das Thema Abtreibung tangiert!

Auf einen solchen Staatsrechtler beruft sich Wolfgang Nestvogel also, um sein Narrativ von den rechtswidrigen Corona-Maßnahmen zu unterfüttern.

Nun ist es ja so, dass die Person und ihre Einstellung keine Rolle spielen darf, wenn es um unumstößliche Fakten geht.

Würde also der ukrainische Präsident behaupten, das Wasser der Wolga flösse generell bergauf, und Putin korrigierte ihn, dann spielten der Charakter und die Taten keine Rolle.

Wenn es aber um die subjektive Einschätzung einer rechtlichen Situation geht – und es muss ja zwangsläufig subjektiv sein, wenn es von ausgebildeten Experten zu ein und demselben Gesetzesartikel unterschiedliche Interpretationen gibt –, dann ist es nicht nur opportun, sondern sogar geboten, sich die Person genauer anzuschauen und zu prüfen, wer hinter der jeweiligen Meinung steckt.

Und ebendiese Meinung doppelt und dreifach überprüfen.

Beispiel dazu:

In Bezug auf *Henrieke Stahl*, von der noch die Rede sein wird, verlinke ich später einen Artikel der Vereinigung *'Dokumentieren gegen Rechts'*.

Was ich von denen ansonsten lese, entspricht nicht gerade meiner Weltsicht.

Also muss ich das, was sie von sich geben, durch weitere Quellen überprüfen.

Dokumentieren gegen Rechts hat übrigens einen sehr zutreffenden Artikel über den ACCH und die ERB Frankfurt geschrieben, den ich nur empfehlen kann und in dem beispielsweise die Nähe zu den militanten amerikanischen Evangelikalen thematisiert wird.[135]

Denen, die notfalls auch mal eine Abtreibungsklinik in die Luft jagen.

Das dazu.

---

[135] Dokumentieren gegen Rechts: ERB und ACCH
https://bkramer.noblogs.org/arbeitskreis-christliche-corona-hilfe/

Nestvogel jedenfalls bedient sich für seine rechtliche Einordnung eines Mannes, der der Abtreibung Tür und Tor öffnen wollte.

Und nennt das ein Zeichen für Unabhängigkeit.

Das ist erstens typisch für seine Vorgehensweise.

Das ist zweitens traurig.

Und es zeigt drittens, wie verzweifelt die Corona-Leugner nach vermeintlichen Experten suchen müssen, die ihre abstrusen Behauptungen unterstützen.

12.05 Der Gemeindegesang
„Gott loben – das ist unser Amt!"[136]

Unter diesem Titel erklärt Wolfgang Nestvogel, warum das Singen in der Gemeinde unverhandelbar sei.

Dazu sagt er unter anderem Folgendes:

"Der gesamtbiblische Befund weist das gemeindliche, gemeinschaftliche Singen somit als ein Wesensmerkmal und conditio sine qua non (unverzichtbare Bedingung) des authentischen Gottesdienstes aus."

Das ist schlicht und ergreifend Unsinn.

Und Nestvogel entlarvt sich dabei auch gleich selbst.

Denn keine einzige der Bibelstellen, die er für seine Beweisführung heranzieht, bestätigt seine persönliche Interpretation auch nur im Ansatz.

Selbstverständlich sind Christen aufgefordert zu singen.

Selbstverständlich handelt es sich hier um ein göttliches Gebot.

Womit es Sünde sein dürfte, *nicht* zu singen.

Aber *an keiner Stelle* gibt die Bibel vor, wo, wann und wie das konkret vonstattengehen soll.

Das tut sie schließlich nicht einmal beim Gottesdienst.

Im Umkehrschluss ist also vollkommen logisch, dass es Zeiten geben kann und darf, wo das Singen ausgesetzt werden muss.

Aber darauf wollte ich diesmal eigentlich gar nicht hinaus, sondern auf die nächste rhetorische Manipulation.

---

[136] ACCH: Gott loben – das ist unser Amt!
https://acch.info/2022/04/06/gemeindegesang/

Und die kommt jetzt:

"Die Bekennende Evangelische Gemeinde Hannover (wie auch einige andere Gemeinden, z. B. die Evangelisch-Reformierte Baptistengemeinde (ERB) Frankfurt) hielt dennoch am Gesang fest und legte zugleich rechtliche Mittel gegen das Verbot ein. Dabei wurden im Rahmen der juristischen Argumentation auch die theologischen Gründe dargelegt."

Und

"Das Verbot des Gemeindegesangs stellt darum unter allen Umständen einen massiven Eingriff in das durch Artikel 4 GG gewährte Grundrecht dar. Es verletzt die Freiheit des Glaubens, des Gewissens und die Freiheit des religiösen und weltanschaulichen Bekenntnisses und verwehrt die ungestörte Religionsausübung."

Zunächst einmal ist die Begrifflichkeit *unter allen Umständen* der nächste Unsinn.

Stichwort Ebola oder Feuer im Gemeindehaus.

Ich will aber auf etwas anderes hinaus.

Und zwar möchte ich Dich fragen, lieber Leser, was Du gedacht hast, als Du speziell den ersten Absatz gelesen hast.

Den, wo es heißt, dass man rechtliche Mittel eingelegt und die Gründe dafür dargelegt habe.

Würdest Du mir zustimmen, dass man so eine Formulierung normalerweise nur dann verwenden würde, wenn man in der damit verbundenen juristischen Auseinandersetzung *gewonnen* hat?

Ganz sicher würde man das.

Hat Nestvogel aber nicht.

Er ist vor dem Bundesverfassungsgericht, soweit ich informiert bin, gescheitert.

Davon sagt er hier aber kein Wort.

Obwohl sein Artikel, wie man sieht, am 30.03.2022 leicht überarbeitet wurde.

Mithin auf jeden Fall nach dem vom Bundesverfassungsgericht gefällten Urteil.

Letztes Beispiel:

12.06 Kotschs Beitrag führt hinters Licht

"Kotschs Beitrag führt hinters Licht"[137]

Mit dieser Überschrift wird auf einen Beitrag des *Instituts für Gemeindeaufbau*, namentlich von *Eberhard Dahm*, Mitglied des ACCH, verlinkt.

Dieser kritisiert darin unter dem leicht abgewandelten Titel *'Warum Kotschs Beitrag hinters Licht führt'* die Stellungnahme Michael Kotschs zum Impfpamphlet der Frankfurter Pastoren Riemenschneider und Schild.

Und entlarvt sich schon in der Überschrift als Manipulator.

Denn was denkt man denn, wenn man so etwas liest?

Wenn ein Beitrag hinters Licht führt, dann muss doch dessen Verfasser die *Absicht* gehabt haben, seine Adressaten hinters Licht zu führen.

Denn hinters Licht führen ist eine aktive Handlung.

Somit wird Michael Kotsch bereits hier Manipulation, somit Lüge, somit Sünde unterstellt.

Etwas ganz anderes wäre es gewesen, hätte Dahm beispielsweise geschrieben, Kotschs Beitrag führe *in die Irre*.

Denn in die Irre führen kann man auch aufgrund – richtig – eines *Irr*-tums und ohne böse Absicht.

Auf den weiteren Inhalt von Dahms Stellungnahme will ich gar nicht groß eingehen.

Mit zwei Ausnahmen.

Erstens der ausdrückliche Verweis auf die Wahrheitsliebe des ACCH.

Dazu schreibt Dahm:

"Was ist Wahrheit und was sind wir einander als Christen und Mitmenschen im Umgang mit der Wahrheit und Wirklichkeit schuldig?"

Und

"Da sich die Liebe mit der Wahrheit freut, wird es dienlich sein, die folgenden ausgewählten Punkte genauer zu betrachten."

---

[137] ACCH: Kotschs Beitrag führt hinters Licht
https://acch.info/2022/05/05/reaktion-kotsch-impfpflicht/

Dazu komme ich gleich nochmal.

Vorher das zweite Beispiel:

Dahm wirft Kotsch vor, seine Stellungnahme berücksichtige nicht die Zielgruppe der Herren Riemenschneider und Schild und gehe deshalb in ihren Schlussfolgerungen in die völlig falsche Richtung. *"Wie ein falsch zugeknöpftes Hemd"*, schreibt Dahm.

Besagte Hilfestellung richte sich nämlich an *"solche Personen, die eine klare ablehnende Position zur Impfung vertreten und an solche, die unschlüssig sind, ob sie sich impfen lassen sollen."*

Nun, zunächst einmal richten sich Riemenschneider und Schild wörtlich an *"Christen, die eine Corona Impfung aus Glaubens- oder Gewissensgründen ablehnen oder mit der Frage kämpfen, ob sie sich impfen lassen sollen oder nicht."*

Klare Ablehnung lese ich da zunächst nicht heraus.

Aber ohnehin ist etwas anderes wichtiger.

Denn sowohl Dahm als auch die beiden Pastoren betonen ausdrücklich den angeblich seelsorgerlichen Charakter der vermeintlichen Hilfestellung.

Und ich stelle mir da die Frage, warum es dann nötig war, die komplette Litanei des Querdenkertums und sämtliche Lügen und Falschaussagen der Leugner und Schwurbler zu wiederholen.

Ist das effektive und einfühlsame Seelsorge?

Lieber Leser, an dieser Stelle kommen wir an einen wichtigen Punkt.

Nämlich zu der Frage, ob Du der Ansicht bist, all die Formulierungen, die ich Dir präsentiert habe, seien mehr oder weniger Zufall oder ohne tiefergehende Absicht gewählt worden.

Dass das eine wichtige Frage ist, wirst Du sicher so sehen wie ich.

Denn hier entscheidet sich, ob womöglich das achte Gebot verletzt wird oder nicht.

13 Die Zweite ACCH-Konferenz 1

Alles spricht von Aufarbeitung.

Auch der ACCH wollte aufarbeiten.

Dazu wurde die sogenannte *Zweite ACCH-Konferenz* organisiert.

Und zwar am Reformationstag.

Laut Einladung sollte die *medizinische Situation* erläutert werden und die *theologisch-seelsorgerliche*.

Es sollten *Fallbeispiele aus der Praxis* genannt werden.

Und eine *Podiumsdiskussion* sollte das Ganze abschließen.

Eine Podiumsdiskussion?

Das wäre doch was für mich, dachte ich.

Schließlich war ich relativ zu Beginn der Auseinandersetzungen tatsächlich für so eine Veranstaltung mit Wolfgang Nestvogel angefragt worden.

Dieser Gedanke wurde dann aber offenbar wieder fallengelassen.

Ich selbst hatte Nestvogel auch nochmals zu einer persönlichen Konfrontation vor der Kamera aufgefordert.

Natürlich vergebens.

Also versuchte ich es jetzt nochmal und bat höflich darum, an der Podiumsdiskussion teilnehmen zu dürfen.

Antwort?

Keine.

Nachgehakt.

Antwort?

Keine.

Dann habe ich mich einfach für die Konferenz angemeldet.

Daraufhin hörte ich erst einmal längere Zeit gar nichts.

Bis schließlich eine Mail bei mir eintrudelte.

In dieser wurde mir ein Besuch der Zweiten ACCH-Konferenz ausdrücklich mit folgenden, überwiegend fett gedruckten Worten untersagt:

"Wir müssen aufgrund der Art und Weise Ihres Schreibens und Handelns Ihre Anmeldung ablehnen. Wir untersagen Ihnen vielmehr hiermit ausdrücklich den Besuch der Konferenz und des Konferenzortes. Bei Zuwiderhandlung oder Störungen irgendwelcher Art werden wir vom Hausrecht Gebrauch machen."

Da ich nun also quasi mit polizeilicher Gewalt rechnen musste, habe ich von einem Besuch der Veranstaltung abgesehen.

Und dachte mir, ich höre mir das später im Internet an und kommentiere es.

Vorher kam jedoch noch der *Flyer*.

Das, was man in analogen Zeiten Handzettel nannte.

Den schauen wir uns jetzt an.

13.01 Der Flyer

Überschrieben war besagter Flyer mit dem Titel:

"Hier stehen wir nun …"

Mit Pünktchen am Schluss.

Wir haben bereits zuvor gesehen, dass die Formulierungen, die Nestvogel und der ACCH benutzen, *nie* zufällig verwendet werden.

Und das ist auch hier der Fall.

Einmal will man damit natürlich auf den Reformations-*Tag* hinweisen.

Das ist aber nicht alles.

Denn wie es auch in dem Schreiben an die Politik wegen der Impfpflicht angedeutet wurde, suggeriert man hiermit, man befände sich in seinem Kampf gegen die Obrigkeit in einer ähnlichen Situation wie der Reformator.

Also wieder einmal eine gnadenlose und ganz klar beabsichtigte Überhöhung der eigenen Bedeutung.

Ganz zu schweigen vom Anlass.

Denn der Vergleich von Leuten, die sich gegenüber ihren Gemeinden, ihren Nächsten und der Obrigkeit dermaßen versündigt haben, mit Menschen wie Martin Luther ist nur noch ein kleines bisschen weniger dreist als der mit den Widerstandskämpfern im Dritten Reich.

Übrigens war auch hier mein erster Eindruck richtig.

Denn den beabsichtigten Bezug zum Widerstandskämpfer Luther bestätigt Eberhard Dahm während der Konferenz ausdrücklich.

Aber nun zum Inhalt des Flyers.

Der stellt eine nochmals neue Qualität der halben Wahrheiten, der ganzen Lügen und der Manipulation dar.

Denn abgesehen von Datum und Örtlichkeit der Konferenz gibt es darin *eine einzige* Information, die *nicht* in irreführender Absicht geschrieben ist.

Oder auf jemanden hinweist, der ebenfalls in die Irre führt.

Und diese einzige wahre Information erging obendrein auch noch unbeabsichtigt.

Nachfolgend zunächst der gesamte Text, den wir anschließend im Detail unter die Lupe nehmen werden.

"Massensterben, überfüllte Intensivstationen, Triage-Dramen, Kinder als Pandemietreiber und eine Gen-Therapie als Rettungsanker – so war es nicht! Die Fakten liegen inzwischen auf dem Tisch, aber wer will sie sehen? Vielfach der Lüge überführte Entscheider kleben an ihren Posten und klammern sich an das alte Narrativ. Weite Teile der Medien verweigern die kritische Analyse. Wer in der Krise als Verstärker der Regierungsparolen agierte, hat kein Interesse daran, die eigene Propaganda nachträglich auffliegen zu lassen. Schon werden neue Schreckensszenarien an die Wand gemalt, die Corona-Karte könnte ein weiteres Mal gespielt werden; oder durch eine andere Erzählung ersetzt werden, die weitere Übergriffe und Grundrechtsverweigerungen 'rechtfertigen' würde. Erst im September wurde bei LinkedIn ein geposteter Vortrag des Juristen Prof. Papier als Fake-News gelöscht. Der ehemalige Präsident des Bundesverfassungsgerichtes hatte die Grundrechtsverletzungen der Corona-Zeit kritisch analysiert, die Zensur reagierte prompt und erbarmungslos. Wir brauchen Aufarbeitung – nicht zuletzt auch in den evangelikalen Kreisen. Viele Gemeinden leben weiter, als wäre nichts geschehen. Wie werden sie reagieren, sollten erneut Gottesdienste geschlossen oder deren Durchführung staatlich bevormundet werden? Wie können die Christen sich wappnen, um Jesus als dem HERRN der Gemeinde auch unter Druck treu zu bleiben? Wie können wir auch für unsere säkularen Zeitgenossen Mutmacher in Krisenzeiten sein? Nur wenn wir verstehen, was seit 2020 geschehen ist, können wir für künftige Herausforderungen daraus lernen. Deshalb veranstaltet der ACCH seine 2. Konferenz zur Aufarbeitung von Corona. Für die medizinische Expertise konnten wir Prof. Henrik Ullrich gewinnen, der sich als Wissenschaftler und medizinischer Praktiker regelmäßig in die Debatte eingemischt hat. Für die theologische Einordnung sorgen Eberhard Dahm und Wolfgang Nestvogel. Erfahrungsberichte runden das Bild ab und eine Podiumsdiskussion fragt nach Zukunftsperspektiven."

Fangen wir an:

13.02 Das Massensterben

"Massensterben, überfüllte Intensivstationen, Triage-Dramen, Kinder als Pandemietreiber und eine Gen-Therapie als Rettungsanker – so war es nicht!"

Erstens müsste man einmal definieren, was man unter Massensterben versteht.

Die zwanzig Millionen weltweit oder 173.000 in Deutschland sind in meinen Augen mehr als genug.

Zweitens waren die Intensivstationen teilweise und regional so stark belastet, dass man tatsächlich Patienten in andere Krankenhäuser fliegen musste.[138]

Somit gab es die Vorstufe einer Triage faktisch sehr wohl.

Übrigens räumt der medizinische Experte, Professor Ullrich, in der abschließenden Podiumsdiskussion ebenfalls ein, dass es in seinem Krankenhaus *sehr, sehr* voll war – auch wenn er die Schuld hierfür wieder den überzogenen Maßnahmen zuschiebt.

Drittens, und das ist das Entscheidende, ist es wie schon erläutert ausschließlich wegen der Schutzmaßnahmen und nachfolgend auch der Impfung nicht zum Äußersten gekommen.

Und das weiß auch jeder.

Und darauf würde auch jeder stoßen, der einen solchen Flyer schreiben will und dafür entsprechend recherchiert.

Und deshalb haben wir hier gleich die ersten bewussten Lügen.

---

[138] RND: Bundeswehr fliegt Covid-Patienten aus
https://www.rnd.de/politik/bundeswehr-fliegt-corona-patienten-aus-intensivstationen-am-limit-UF27HLNBC5R73DELI-TYUWKR5A4.html

13.03 Kinder als Pandemietreiber

Ich halte mich ja für einen ganz guten Rechercheur.

Aber ich habe bis heute nicht herausgefunden, wer dieses Schlagwort in die Diskussion eingebracht hat.

Aber wer auch immer es war, es ist unsinnig.

Denn wenn man einen Pandemietreiber identifizieren wollte, müsste man ja zunächst einmal definieren, in welchem Bereich und ab welcher Kennzahl man jemanden so nennen kann.

Fakt ist wie bereits zuvor ausgiebig erläutert, dass Kinder einen Anteil am Infektionsgeschehen hatten.

Was nebenbei bemerkt der ACCH selbst in Person von Professor Ullrich in seinem Vortrag einräumt.

13.04 Gen-Therapie als Rettungsanker

Erstens ist die Corona-Impfung keine Gen-Therapie.

Zweitens war sie sehr wohl der Rettungsanker für Millionen.

13.05 Die Fakten auf dem Tisch

"Die Fakten liegen inzwischen auf dem Tisch, aber wer will sie sehen?"

Was die Mitglieder des ACCH und ihre Gesinnungsgenossen unter den Fakten zum Thema Corona verstehen, dazu kommen wir noch.

13.06 Der Lüge überführt

"Vielfach der Lüge überführte Entscheider kleben an ihren Posten und klammern sich an das alte Narrativ."

Das ist, wie wir schon gesehen haben und noch sehen werden, die exakte Zustandsbeschreibung für einige Leute des ACCH.

13.07 Medien verweigern Analyse

"Weite Teile der Medien verweigern die kritische Analyse."

Das stimmt. Beispielsweise Medien wie Telegram oder all die anderen dubiosen Quellen, aus denen sich Leugner und Schwurbler ihre Informationen holen.

13.08 Die Propaganda

"Wer in der Krise als Verstärker der Regierungsparolen agierte, hat kein Interesse daran, die eigene Propaganda nachträglich auffliegen zu lassen."

Ersetze *Regierungs-* durch *Leugnerparolen*, dann passt es.

13.09 Die neuen Schreckensszenarien

"Schon werden neue Schreckensszenarien an die Wand gemalt, die Corona-Karte könnte ein weiteres Mal gespielt werden; oder durch eine andere Erzählung ersetzt werden, die weitere Übergriffe und Grundrechtsverweigerungen 'rechtfertigen' würde."

Wo werden neue Schreckensszenarien an die Wand gemalt?

Angesichts der Erkältungssaison und der neuesten Mutationen des Virus scheint die Politik gelassener zu sein, als sie sein sollte.

Denn die Zahl der Infektionskrankheiten steigt gerade deutlich.

Aber niemand redet von Übergriffen oder dem, was die Leugner als solche ansehen.

13.10 Die Zensur bei LinkedIn

"Erst im September wurde bei LinkedIn ein geposteter Vortrag des Juristen Prof. Papier als Fake-News gelöscht. Der ehemalige Präsident des Bundesverfassungsgerichtes hatte die Grundrechtsverletzungen der Corona-Zeit kritisch analysiert, die Zensur reagierte prompt und erbarmungslos."

Erstens ist LinkedIn weder als besonders bedeutsame noch als übermäßig seriöse Plattform für wichtige Informationen bekannt.

Hier von Zensur, am Ende womöglich noch von staatlicher Zensur zu sprechen, ist schon ein bisschen verwegen.

Zweitens stellt sich die Frage, warum Herr Papier seine vermeintliche *Analyse* ausgerechnet dort veröffentlicht zu haben scheint.

Drittens wird mit dem Begriff *Analyse* wieder einmal suggeriert, hier handele es sich um das objektive Endergebnis einer Prüfung.

Eine Analyse ist nämlich in ihrem Wortsinn ein wenig mehr als eine Meinung oder persönliche Einschätzung.

Und viertens sind die *Nachfolger* des Herrn Papier am Bundesverfassungsgericht offensichtlich anderer Ansicht als dieser.

Übrigens:

Fünftens geht Papier bei seiner Kritik an den Corona-Maßnahmen, die er ja schon öfters bekundet hat, längst nicht so weit, wie es Leute wie Wolfgang Nestvogel tun.

Kann man nachlesen.

13.11 Die untätigen Gemeinden

"Viele Gemeinden leben weiter, als wäre nichts geschehen."

Richtig.

Und darüber können die Leute vom ACCH heilfroh sein.

Denn würden die christlichen Gemeinden so handeln, wie sie es biblisch gesehen müssten, wären sie draußen.

Es ist schon außerordentlich dreist, dass Menschen, die davon profitieren, dass ihren Mitgeschwistern sogar ihre Lügen und ihre Sünden gegenüber den Nächsten und der Obrigkeit offenbar egal sind, jetzt auch noch Aufarbeitung in den Gemeinden fordern.

Und noch mehr, wie wir feststellen werden, wenn wir uns mit der eigentlichen Konferenz befassen.

13.12 Wie werden Gemeinden reagieren?

"Wie werden sie reagieren, sollten erneut Gottesdienste geschlossen oder deren Durchführung staatlich bevormundet werden?"

Ganz einfach:

Indem sie differenzieren und abwägen, wann es geboten ist, Gott mehr zu gehorchen als den Menschen.

Diese Abwägung war bei Corona in keiner Weise gefordert.

13.13 Wie können Christen sich wappnen?

"Wie können die Christen sich wappnen, um Jesus als dem HERRN der Gemeinde auch unter Druck treu zu bleiben?"

Indem sie sich im Gegensatz zu den Corona-Leugnern an die Bibel *halten* und nicht nur davon reden.

13.14 Wie können Christen Mutmacher sein?

"Wie können wir auch für unsere säkularen Zeitgenossen Mutmacher in Krisenzeiten sein?"

Sicher nicht, indem wir beispielsweise sagen, was Sportverein und Kaninchenzüchterverein tun, sei deren Sache.

13.15 Verstehe, was geschehen ist

"Nur wenn wir verstehen, was seit 2020 geschehen ist, können wir für künftige Herausforderungen daraus lernen."

Richtig. Und es wird höchste Zeit, dass die Leugner damit anfangen.

13.16 Der neue Experte

"Für die medizinische Expertise konnten wir Prof. Henrik Ullrich gewinnen, der sich als Wissenschaftler und medizinischer Praktiker regelmäßig in die Debatte eingemischt hat."

Ich hatte von Herrn Professor Ullrich bis dato nichts gehört.

Also habe ich ihn gegoogelt.

Dabei stellte sich erstens heraus, dass er scheinbar *Radiologe* ist.

Das ist jetzt nicht unbedingt das Fachgebiet, um das es in der Pandemie in erster Linie geht.

Aber egal.

Viel wichtiger war das *zweite*, was ich bezüglich Professor Ullrich ergoogelt habe.

Nämlich, dass er wie auch der Rest des ACCH ebenfalls Falschbehauptungen in die Welt setzt.

In dem verlinkten Artikel sagt er in einem Kommentar Folgendes:

"Selbst ein Herr Fauci, der mittlerweile zugibt, dass die 'Covid-Impfungen' kein Erfolg waren, dringt nicht mehr durch."[139]

Mit einiger Sicherheit bezieht er sich bei diesem Kommentar auf den bereits erwähnten und verlinkten Aufsatz, den Fauci mit zwei Kollegen Ende letzten oder Anfang diesen Jahres veröffentlicht hat. Jedenfalls würde Professor Ullrichs Kommentar zeitlich passen.

Übrigens gibt es noch einen weiteren Artikel mit derselben Zielrichtung zu dem Thema.

Und zwar stammt der von Namensvetter *Ulrich Skambraks* in der Oktober-Ausgabe von *TOPIC*.

---

[139] DocCheck: Laut Fauci war die Impfung kein Erfolg
https://www.doccheck.com/de/detail/comments/141911

Auch dieser Artikel strotzt von vorne bis hinten vor falschen Informationen.

Aber konzentrieren wir uns zunächst auf den Ullrich mit zwei L.

Und schauen uns mal an, was Fauci *wirklich* gesagt hat.[140]

Am Anfang des fünften größeren Absatzes steht Folgendes:

"During the COVID-19 pandemic, the rapid development and deployment of SARS-CoV-2 vaccines has saved innumerable lives and helped to achieve early partial pandemic control."

Übersetzt via DeepL:

"Während der COVID-19-Pandemie hat die rasche Entwicklung und Bereitstellung von SARS-CoV-2-Impfstoffen unzählige Menschenleben gerettet und dazu beigetragen, die Pandemie frühzeitig einzudämmen."

Das klingt für mich nicht so, als wäre Herr Fauci der Ansicht, die Corona-Impfung sei kein Erfolg gewesen.

Wenn man sich den gesamten Artikel durchliest, stellt man lediglich fest, dass Fauci die *generelle Wirksamkeit* herkömmlicher Impfungen gegen *sich verändernde* Viren kritisiert.

Beispielsweise Influenza.

Weshalb es ja auch jährlich wiederkehrende Impfungen gegen diese gibt.

Und wenn *ich* das verstehe, dann sollte es ein ausgebildeter Arzt wohl ebenfalls verstehen, oder?

Damit zurück zu dem erwähnten Artikel in der *TOPIC*.

[140] CellCom: Fauci und Impfung
https://www.cell.com/cell-host-microbe/fulltext/S1931-3128(22)00572-8#%20

13.17 Die TOPIC

Der reißerische Titel in der *TOPIC* -Ausgabe Oktober 2023, auf den ich mich beziehe, lautet:

"Corona-Impfstoffe: Ungeheuerliches kommt ans Tageslicht!"

Darin kommt als Erstes die erwähnte Falschbehauptung, Anthony Fauci hielte die Corona-Impfung nicht für einen Erfolg.

Dann schreibt Skambraks von *hunderttausenden Nebenwirkungen* der Impfung in Deutschland.

Und führt weiter aus, diese – wörtlich – *horrende Zahl* sei gerade in einem Untersuchungsausschuss im Brandenburger Landtag ans Licht der Öffentlichkeit gebracht worden.

Dort seien *Lothar Wieler*, seinerzeit Präsident des RKI, sowie Frau *Dr. Brigitte Keller-Stanislawski*, einstmals PEI, geladen gewesen.

Und hätten – wieder wörtlich – *zugeben* müssen, dass bis heute *770.000* Meldungen über Nebenwirkungen eingegangen, aber noch nicht bearbeitet worden seien.

Das klang natürlich gewaltig.

Abgesehen davon muss auch ich sagen, dass ich das, was im Rahmen dieser Sitzung abgelaufen ist, ziemlich merkwürdig finde.

Und kurzsichtig.

Denn alles, was den Eindruck vermittelt, man habe von Staats wegen etwas zu verbergen, ruft doch sofort die Leugner auf den Plan.

Wie auch immer.

Wenn man das tut, was man immer tun sollte, nämlich prüfen, stellt man Folgendes fest:

Die 700.000 – nicht wie von Skambraks genannt 770.000, aber das können wir angesichts der schwerwiegenderen Lügen unter den Tisch fallen lassen – Meldungen, die noch nicht ausgewertet sind, waren über die sogenannte *Safe Vac App* eingegangen.[141]

---

141 Apollo News: Corona-Untersuchungsausschuss, 700.000 Meldungen Safe Vac App
https://apollo-news.net/corona-untersuchungsausschuss-offenbart-massive-inkompetenz-von-rki-und-paul-ehrlich-institut/

Diese App jedoch ist nicht das offizielle Meldeportal für Impf-Nebenwirkungen, sondern sollte lediglich eine sogenannte *Beobachtungsstudie* des PEI hinsichtlich der *Verträglichkeit* der Impfung befüttern.[142]

Offiziell werden Nebenwirkungen anderweitig gemeldet.[143]

Und wenn man den gerade verlinkten Artikel noch etwas weiter durchliest, dann stellt man fest, dass und wie Frau Dr. Keller-Stanislawski das Versäumnis bezüglich der Auswertung der App begründet und erklärt hat.

Nämlich mit eklatantem Personalmangel.

Aber der entscheidende Aspekt kommt erst dann.

Die Dame sagte nämlich anschließend:

"Es gab Leute, die haben sich nur um Todesfälle gekümmert, und Leute, die haben sich nur um Myokarditis gekümmert, wir hatten ja viel mehr Arbeit als zuvor, nur durch diesen Impfstoff."

Was heißt das?

Das heißt offensichtlich, dass die Meldungen über Verdachtsfälle an schweren Nebenwirkungen *sehr wohl* eingegangen und auch bearbeitet worden sind.

Das war aber noch nicht alles.

Skambraks legt weiter nach.

Diesmal lautet die Überschrift:

"Ein weiterer Hammer!"

Nun geht es darum, dass Lothar Wieler – erneut wörtlich – *zugegeben* habe, keine Studie des RKI habe bisher belegt, dass eine mRNA-Impfung gegen Ansteckung und einen schweren Verlauf schütze.

Das wird wiederum mit Personalmangel und völliger Überforderung begründet.

Der *Hammer* ist aber etwas anderes.

---

[142] PEI: Safe Vac App
https://www.pei.de/DE/newsroom/hp-meldungen/2020/201222-safevac-app-smartphone-befragung-vertraeglichkeit-covid-19-impfstoffe.html
[143] Nebenwirkungen Bund: Nebenwirkungen melden
https://nebenwirkungen.bund.de/nw/DE/home/home_node.html

Nämlich, dass Skambraks hier zweifellos suggerieren will, es gäbe *überhaupt keine* Studie, die die Wirksamkeit der Impfung belegt.

Die gibt es aber zuhauf; nur ausgerechnet vom RKI gibt es sie nicht.

An dieser Stelle zwei, drei Fragen an Dich, lieber Leser:

Warum sind diese Leute alle nicht willens oder in der Lage, sich vernünftig zu informieren?

Sind sie zu dumm?

Sind sie zu faul?

Oder geht es immer nur darum, ein ganz bestimmtes Bild zu transportieren und ein bestimmtes Narrativ zu pflegen?

Warum man muss derart tricksen, manipulieren und lügen, wie ich es hier aufgezeigt habe, wenn man seiner Sache sicher ist?

Ist man etwa genauso bedroht wie Rahab, die Hebammen in Ägypten oder Corrie ten Boom, die Riemenschneider und Schild zu Vorbildern für Impfpassfälscher erkoren haben?

Braucht man *List* in dieser angeblich diktatorischen, totalitären deutschen Gesellschaft, in der Ungeimpfte und Querdenker ausgegrenzt und an den Pranger gestellt werden?

Und warum müssen ausgerechnet sogenannte geistliche Leiter das tun, bekannte Redner, die doch eine riesige Verantwortung für ihre Herde tragen?

Warum christliche Publizisten?

Und was hat es wohl zu bedeuten, wenn Ärzte, zumal solche, die sich auch noch Christen nennen, öffentlich die Unwahrheit über ein Virus erzählen, das den Menschen krank machen, ihm Folgeschäden bescheren oder ihn sogar töten kann?

Wo sind diese Leute falsch abgebogen, als es um die Wahrheit ging?

Zurück zum Flyer und zur einzigen ehrlichen Information darin.

13.18 Die Podiumsdiskussion

Nämlich der Ankündigung, dass die erwähnte abschließende Podiumsdiskussion von einem Sohn des Herrn Nestvogel moderiert und ausschließlich von Referenten und Mitgliedern des ACCH bestritten wird.

Daraus geht nämlich hervor, dass diese Diskussion nur in eine Richtung laufen würde und kritische Aussagen allenfalls als Strohmann eingebracht werden würden.

Und genauso ist es natürlich auch gewesen.

Schauen wir uns also mal an, was auf der Konferenz so alles gesagt wurde.

14 Die Zweite ACCH-Konferenz 2

Die frommen Geisterfahrer.

"Einer?"

"Hunderte!"

Den uralten Kalauer vom Falschfahrer, der im Radio den Verkehrsfunk hört, kennt wahrscheinlich jeder.

Meinen Buchtitel habe ich aus zwei Gründen gewählt.

Erstens aufgrund der bereits mehrfach erwähnten Tatsache, dass die Corona-Leugner sich offenbar einbilden, schlauer zu sein als die überwiegende Mehrheit der Bevölkerung.

Und ihre paar vermeintlichen *Experten* für klüger halten als die anderen achtundneunzig Prozent, die alle dasselbe zum Thema Corona sagen.

Oder als die 200 Länder dieser Welt, die bis auf kleine regionale, kulturelle und strukturelle Abweichungen ebenfalls alle dasselbe zum Thema sagen oder tun.

Zweitens aus einem geistlichen Grund.

Bekanntlich kritisiere ich ja die Vernünftigen und Besonnenen hart für ihren wachsweichen Umgang mit den Leugnern.

Und werfe ihnen vor, im Namen des Friedens und der Einmütigkeit alles, was vorgefallen ist, unter den Teppich zu kehren.

Darunter glasklare Sünde in unterschiedlicher Form.

Ich werfe ihnen dabei *nicht* zwangsläufig vor, dass sie das mit Berechnung tun.

Sondern glaube den meisten, dass es ihnen tatsächlich um Frieden und Einmütigkeit geht, was ja vordergründig betrachtet auch absolut biblisch ist.

Sie, die Vernünftigen und Besonnenen, sehen sich also jetzt in der *Pflicht*, den Frieden in der Gemeinde wiederherzustellen.

Dazu müssen sie die Abweichler, die Rebellen, die Leugner wieder integrieren.

Und tun das, indem sie sie jetzt *liebe Geschwister* nennen, *die während und zu der Pandemie andere Erkenntnisse gewonnen haben.*

Andere *Erkenntnisse*?

Soll das ein Witz sein?

Wie auch immer.

Jedenfalls stellt das die gesamte Situation auf den Kopf.

Denn es sind doch die *Leugner*, die den Frieden und die Einmütigkeit in den Gemeinden aufgekündigt haben.

Sie sind es doch, die entgegen dem Willen von achtzig bis neunzig Prozent ihrer Glaubensgeschwister den Weg des Widerstands eingeschlagen haben.

Und das mussten sie doch von Anfang an wissen.

Hätten sie es nicht gewusst, hätten sie sich allein dadurch schon als geistliche Leiter disqualifiziert.

Natürlich haben sie es gewusst.

Und haben es trotzdem durchgezogen.

Und deshalb sind *sie* diejenigen, die die Spaltungen riskiert, verursacht und in Kauf genommen haben.

Daher der Titel.

Und genau der wurde dann aufs Eindrücklichste bestätigt, als ich mir diese Zweite ACCH-Konferenz anschaute.

Dazu später mehr.

Ich habe mir also die gesamte Konferenz, soweit sie veröffentlicht wurde, angeschaut und vor allem -gehört.

Es fehlt bei YouTube nur die Rubrik *Fallbeispiele* oder so ähnlich.

Zwei Aspekte sind mir dabei besonders aufgefallen.

Erstens die Tatsache, dass man oftmals vordergründig den Eindruck hätte bekommen können, soweit seien wir gar nicht voneinander entfernt.

Und zwar, weil die Teilnehmer der Konferenz mehrfach exakt das gesagt haben, was auch ich sage oder schreibe beziehungsweise geschrieben habe.

Jedenfalls sind diese scheinbaren Übereinstimmungen auffällig.

Als da wären:

- *"Bevor ich mich zu einer Sache kritisch äußere, sollte ich die selbst verstanden haben."*
- *"Wir sollen alles prüfen."*
- *"Nicht alles glauben."*
- *"Forschend."*
- *"Wissbegierig."*
- *"Wir sollen nach der Wahrheit streben."*
- *"Die Gemeinde, das Haus Gottes, als die Säule und Grundfeste der Wahrheit."*
- *"Und in der Gemeinde Jesu soll die Wahrheit nicht unterdrückt und gestürzt, sondern hochgehalten und gestützt werden. Denn Jesus ist doch die Wahrheit und als solcher Herr der Gemeinde."*
- *"Es muss unbedingt aufgearbeitet werden, damit dieselben Fehler nicht wiederholt werden."*
- *"Wir müssen mit den Kindern über die künftigen Herausforderungen reden."*
- *"Unsere Kinder brauchen Medienkompetenz."*

Das wären also grundsätzlich alles Dinge, die jeder Christ unterschreiben kann.

Und unterschreiben sollte.

Die Aufforderung, die Geschehnisse aufzuarbeiten, damit sich Fehler nicht wiederholen, hatte ich wie eingangs erwähnt bereits vor zwei Jahren in meinem ersten Buch zum Thema formuliert.

Gleichermaßen hatte ich angemahnt, die Medienkompetenz zu stärken.

Bereits vor Corona hatte ich versucht, in einer Gemeinde daran zu arbeiten, das geistliche Niveau zu stärken, damit unsere Kinder und Kindeskinder das stabile Fundament bekommen, das sie in den kommenden Jahren und Jahrzehnten brauchen.

All das ist also im Ansatz vollkommen richtig.

Dummerweise meinen die Vertreter des ACCH dabei etwas völlig anderes als ich.

Denn sie kaprizieren sich in erster Linie auf den Widerstand gegen einen vermeintlich übergriffigen Staat.

Und jetzt besitzen ausgerechnet diese Leute auch noch die Chuzpe, Aufarbeitung zu verlangen dahingehend, dass die, *die sich an Maßnahmen gehalten haben, rücksichtsvoll gegenüber ihren Nächsten und der Obrigkeit untertan waren*, sich entschuldigen und Buße tun.

Wörtliche Aussage dazu von *Christian Rosenberg*, Pastor der Gemeinde *Licht und Leben Hamburg*:

"Ich hätte einfach auch erwartet, dass Leute sich auch mal entschuldigen. Ich erwarte nicht, sag ich mal, von Menschen, die sich so verrannt haben in den tausend Lügen, dass sie nicht mehr wissen, wo sie anfangen sollen, aber ich hab's eigentlich auch vermisst von einigen Christen, die jetzt irgendwo mal hätten erkennen können, dass sie wirklich nicht richtig gehandelt haben. Und es gibt beim Herrn Jesus Vergebung. Ich versteh das nicht, dass man die Vergebung predigt, aber sie selbst nicht für sich in Anspruch nimmt. Denn es haben viele versagt und ich bin immer noch sehr überrascht, dass da keine Buße stattfindet."

Falls Dir dazu spontan eine bestimmte Stelle aus dem Philipperbrief einfällt, liegst Du vermutlich genau richtig.

"Inmitten eines verdrehten und verkehrten Geschlechts."

Genau da stehen wir.

Und das werde ich im Folgenden erläutern und vertiefen, indem ich auf die wesentlichen Aussagen aus der Konferenz eingehe.

Vorher noch der zweite Punkt, der mir aufgefallen ist.

Nämlich der Brustton der Überzeugung, mit der alle Redner und Teilnehmer an der Podiumsdiskussion argumentierten.

Die schienen allesamt total von dem überzeugt zu sein, was sie von sich gaben.

Wie kann das sein?

Sind die alle so dumm, dass sie gar nicht merken, was sie da von sich geben?

Nein, sie sind nicht dumm.

Sind sie komplett verblendet und sehen deshalb vor lauter Bäumen den Wald nicht mehr?

Oder haben sie womöglich recht und *ich* bin der Geisterfahrer?

Schauen wir's uns an.

14.01 Henrik Ullrich

Professor Ullrich war eingeladen, um die medizinische Sicht der Dinge darzulegen.

Zu diesem muss man wie schon erwähnt wissen, dass er Radiologe ist.

Welche Kompetenz er hinsichtlich Virologie besitzt, weiß ich nicht.

Darüber will ich auch nicht urteilen.

Was ich weiß, ist, dass er kürzlich gemeinsam mit mehreren anderen Autoren, vornehmlich *Henrieke Stahl*, in dem Magazin *Cicero* einen längeren Aufsatz zur Gefährlichkeit des Spike-Proteins veröffentlicht hat.[144]

Dazu ist dreierlei zu sagen.

Erstens sind insbesondere *Paul Cullen* und Henrieke Stahl schon seit langer Zeit als Leugner und Impfgegner aufgefallen.

Cullen hat seine außerplanmäßige Professur an der Universität Münster nur mit dem Verweis auf die Meinungsfreiheit behalten.[145]

Gleichzeitig wird ihm die Verbreitung rechter und antisemitischer Parolen vorgeworfen.[146]

Frau Stahl engagiert sich seit Anbeginn gegen die Impfung.

Und arbeitet seither mit allen möglichen Leugnern und Querdenkern zusammen.[147]

Und ist hauptberuflich Professorin für *Slawistik*.

Dass ausgerechnet diese Leute jetzt über tatsächliche schwere Nebenwirkungen der Impfung gestolpert sein wollen, will ich mal dahingestellt lassen.

Zweitens kritisieren sie in ihrem Aufsatz beispielsweise das Verhalten des Paul-Ehrlich-Instituts zu dem Thema und werfen ihm *Desinteresse* vor.

---

[144] Cicero: Risiken der Corona-Impfung
https://www.cicero.de/kultur/die-risiken-der-corona-impfung
[145] WN: Cullen bleibt Professor
https://www.wn.de/muenster/cullen-bleibt-ausserplanmassiger-professor-der-universitat-munster-1007610
[146] Asta: Kritik an Paul Cullen
https://www.asta.ms/cullen-kritik
[147] Bkramer: Verschwurbelte WissenschaftlerInnen
https://bkramer.noblogs.org/verschwurbelte-wissenschaftlerinnen/

Folgt man aber dem dazu präsentierten Link, findet man sehr wohl eine ausführliche Analyse des PEI inklusive grafischer Aufbereitung zu den vorliegenden Themen.

Drittens wird der Aufsatz der genannten Autoren postwendend von anderer Stelle kritisiert und scheinbar widerlegt.[148]
(Ich als Laie kann das nicht beurteilen.)

Interessant dabei ist, was diese Stellungnahme so alles über die einzelnen Autoren zutage fördert, unter anderem über Professor Ullrich.

Ich zitiere:

"Er behauptet zusammen mit anderen Autoren: 'Wir gehen davon aus, dass die Spikes, die der eigene Körper nach Erhalt der Impfstoffe bildet, aus verschiedenen Gründen deutlich gefährlicher sind als jene, die das SARS-CoV-2-Virus [sic] in uns hineinbringt. Denn die durch die Impfung induzierte Eiweißbildung greift tief in das Betriebssystem unserer Zellen hinein.' Diese Behauptung ist nicht korrekt. Die Aussage, dass die durch Impfstoffe induzierte Eiweißbildung gefährlicher ist als die natürliche Infektion mit dem SARS-CoV-2-Virus, ist wissenschaftlich nicht haltbar."

Nun kann ich wie gesagt die medizinischen Sachverhalte nicht beurteilen.

Interessant ist aber erstens, *wer* hier solche Thesen aufstellt.

Und dass diese Thesen unter 98 Prozent der Experten gar kein Thema sind.

Interessant ist zweitens, dass man, als Professor Ullrich sich während seines Vortrags durch seine Präsentation klickte, kurz eine Folie sehen konnte, auf der es um die angebliche *rätselhafte* Übersterblichkeit Ende 2022 ging.

Die übersprang er mit den Worten:
"Übersterblichkeit ist ein Thema, will ich jetzt nicht weiter vertiefen."
Warum tut er das?

---

[148] DMZ: Kritische Analyse des Artikels Spikeopathie
https://www.dmz-news.eu/2023/10/17/entlarvung-von-fehlinformationen-kritische-analyse-des-artikels-spikeopathie-und-%C3%BCbersterblichkeit/

Ich finde, *gerade* die Zahl der Todesfälle wäre in höchstem Maße relevant gewesen.

Denn wenn ich schon medizinische Aufarbeitung betreiben will, muss so etwas doch auf den Tisch.

Fragt sich also, warum dem Publikum derart wichtige Informationen vorenthalten werden.

Vielleicht, weil das anders reagieren hätte können, als man möchte?

Was ich, weil ich ja den Artikel im *Cicero* gelesen habe, hiermit auch tue:

Darin wird gleich am Anfang gesagt, dass in 2021 und 2022 etwa *hunderttausend* mehr Menschen in Deutschland gestorben seien, als statistisch zu erwarten war.

Dies führen die Autoren natürlich auf die Impfung zurück.

Und unterstellen – Stichwort *plötzlich und unerwartet* –, dies liege daran, dass die jeweiligen Todesfälle nicht eingängig untersucht und keine Obduktionen vorgenommen worden seien.

Institutionen wie das PEI oder das RKI sagen, wenn sie mit diesen Vorwürfen konfrontiert werden, immer lapidar, es habe kein Grund für Obduktionen bestanden.

Das kann natürlich jeder behaupten.

Aber ist diese Aussage tatsächlich abwegig?

Stell Dir hunderttausend Todesfälle vor.

Alle irgendwie plötzlich und unerwartet.

Alle irgendwie verdächtig.

Und jetzt denk mal darüber nach, ein Prozent, nur ein Prozent der Hinterbliebenen schlüge Alarm, weil sie den Eindruck haben, beim Tod des Papas oder der Oma ging irgendetwas nicht mit rechten Dingen zu.

Das wären dann tausend Leute.

Richtig?

Und jetzt durchforschst Du mal das Internet oder recherchierst, wie viele entsprechende Klagen in Deutschland derzeit anhängig sind.

Zur Jahresmitte 2023 waren es genau *209*.[149]

Und bei weitem nicht alle beziehen sich auf Todesfälle!

Fertig mit der Recherche?

Gut.

Wie viele vermutlich ernstzunehmende Einzelberichte zu plötzlichen und unerwarteten Todesfällen kurz nach der Impfung hast Du gefunden?

Tja.

So ist das.

Du kannst ja noch ein wenig weitersuchen.

Ich mache derweil weiter mit dem Vortrag von Professor Ullrich.

Vorher noch ein paar Zahlen zur Todesursachenstatistik, die die Unterstellung, es gebe viele unerklärliche Todesfälle, ad absurdum führen:

Es gab im Jahr 2022 jeweils leichte Anstiege bei Verkehrstoten, bei Suiziden und wie schon erwähnt bei Krebs.

Es gab einen stärkeren Anstieg bei den Sterbefällen aufgrund von Herz-Kreislauf-Erkrankungen.

Es gab einen starken Anstieg bei Hitzetoten.

Und es gab einen starken Anstieg bei den Todesfällen aufgrund psychischer Erkrankungen.

Hierbei geht es übrigens nicht um Suizide, sondern um Erkrankungen wie zum Beispiel Demenz.

Und abschließend ist bekannt, dass es eine starke Zunahme von Atemwegserkrankungen diesseits von Corona, also beispielsweise der Influenza, gegeben hat.

Unterm Strich bleibt ein Anstieg von Sterbefällen im vierstelligen Bereich, ganz grob überschlagen etwa sechstausend Fälle, ohne ausdrücklich genannte Todesursache.

Das heißt also, gäbe es hier irgendeinen dramatischen Anteil an Impftoten, müssten schlicht und ergreifend auch hier Totenscheine in großem Umfang gefälscht worden sein.

---

[149] Spiegel: Klagen wegen Corona-Impfung
https://www.spiegel.de/wirtschaft/corona-209-schadenersatzklagen-gegen-impfstoff-hersteller-a-8d2a042e-069b-4279-99c3-ca98595fbb22

Weiter im Text:

Wir waren ja bei den relevanten medizinischen Informationen, die mir gefehlt haben.

Was dagegen tatsächlich auf den Tisch kam, waren eine Menge tiefgehender medizinischer Informationen, mit denen kein Laie auch nur ansatzweise etwas anfangen kann.

Dazu fällt mir erstens das Prinzip *KISS* ein.

Das ist die Abkürzung von *Keep It Stupid Simple*.

Auf gut Deutsch:

Halte es einfach.

Das wäre auch hier besser gewesen.

So aber erfahren wir alles Mögliche über den Aufbau von Corona-Viren.

Das ist wohl auch Absicht.

Denn Professor Ullrich moniert in seinem Vortrag, dass eine *hochkomplexe Angelegenheit zu sehr vereinfacht* worden sei.

Nein, Herr Professor Ullrich, das wurde sie nicht!

Es ist beispielsweise völlig egal, ob man das Rendezvous mit einem Virus *Kontamination, Infektion, Erkrankung* oder *Covid-19-Fall* nennt, wenn man nicht genau weiß, ob nun jemand ansteckend ist und ein anderer gefährdet.

Um Entscheidungen zu treffen, was die Virusverbreitung anbelangt, kann man hier nicht noch großartig differenzieren, sondern ist schlichtweg *gezwungen*, nach der Rasenmähermethode zu handeln.

Und entscheidend ist frei nach Altkanzler Kohl sowieso, was hinten rauskommt.

Und das war auch für mich immer der Maßstab.

Also wie viele Tote das Virus gefordert hat.

Wie viele schwere Erkrankungen es ausgelöst hat.

Wie viele Folgeschäden es ausgelöst hat.

Und wie viel es davon hätte ausgelöst haben *können*, hätte man nichts dagegen getan.

Immerhin *eine* mehr oder weniger konkrete Aussage dazu gibt es von Professor Ullrich, als er Corona und Grippe vergleicht.

Denn nachdem er zu Recht darauf hingewiesen hat, dass das Virus im Lauf der Zeit an Gefährlichkeit verloren hat, zeigt er auf, dass die Letalität, also die Infektionssterblichkeit, der Influenza letztlich höher liegt als die der Variante Omikron.

Ob das stimmt, weiß ich nicht.

Ich habe im Verlauf der Pandemie gelernt, dass man Statistiken zur Infektionssterblichkeit mehr oder weniger interpretieren kann, wie man will.

Unter anderem dann, wenn es um die sogenannte Dunkelziffer geht.

Dass bei Omikron jedoch nur noch knapp die Hälfte der Verstorbenen tatsächlich hauptsächlich an dem Virus verstorben ist, war bekannt.

Was Professor Ullrich hier aber nicht erwähnt und was auf der gesamten Konferenz kein einziges Mal erwähnt wird, ist die Zahl der *Gesamttoten* durch Corona.

Denn wenn man die Gefährlichkeit von Corona zu einer besseren – oder schlechteren – Grippe kleinredet, sollte man vielleicht auch die jeweiligen Opferzahlen vergleichen.

Und beispielsweise darüber nachdenken, wie viele Jahre oder Jahrzehnte man bräuchte, um mit der Grippe dieselben Opferzahlen zu erreichen wie bei Corona.

Also in drei Jahren 173.000 minus diejenigen, bei denen nur *mit* Corona gestorben wurde.

Selbst wenn die heftige Grippewelle in 2017/18 repräsentativ wäre und jedes Jahr in diesem Ausmaß vorkäme, bräuchte man hier schon mindestens doppelt so lange, um in die Bereiche von Corona vorzustoßen.

Und dann wäre da ja noch das *Präventions-Paradoxon*.

Denn die 173.000 minus X sind unter schärfsten Schutzmaßnahmen gestorben.

Die 25.000 nicht.

Ob wir hier den nächsten Täuschungsversuch haben?

Wir wussten ja schon über Professor Ullrich, dass er falsche Aussagen über die Einschätzung von Herrn Fauci zum Erfolg der Impfung verbreitet hat.

In diesem Zusammenhang übrigens eine weitere Beobachtung aus der ACCH-Konferenz:

Die Teilnehmer scheinen sich bei ihren Aussagen ausschließlich auf Deutschland zu kaprizieren.

Die weltweite Situation wird nicht ein einziges Mal erwähnt.

Was auch nicht unbedingt ein Wunder ist.

Denn ansonsten müsste man sich ja wieder darüber Gedanken machen, warum besagte 200 Länder dieser Welt all das gesagt und getan haben, was die *Experten* des ACCH als falsches Verhalten des Mainstream enttarnt haben.

Immerhin erzählt Professor Ullrich nicht den typischen kompletten Leugner-Blödsinn über das Virus.

Er sagt wörtlich:

"SARS-COV2 ist keine Erfindung der bösen Mächte. SARS-COV2 existiert und hat schwere Krankheitsverläufe bei vielen Menschen auch ausgelöst."

Immerhin.

Gleich im Anschluss relativiert er das jedoch mit dem Satz:

"Aber nicht bei allen und nicht in der Art und Weise, wie es auch präsentiert worden ist."

Weiterhin stellt er klar, dass die sogenannte *Pathogenität* – also die Fähigkeit einer Erregerspezies, nach Infektion eine Krankheit hervorzurufen – des Corona-Virus extrem hoch sei.

Ich zitiere:

"Das heißt, die betroffenen Patienten werden schwer krank und die tödliche Wirkung des Virus ist sehr groß."

So weit, so gut.

Aber jetzt die nächste Einschränkung.

Und ein Hammer.

*"Das führt aber dazu, dass ein solches Virus sich **nicht** verbreiten kann, weil es seine Verbreiter sehr schnell tötet."*

Hier wäre wohl dringend zu definieren, was mit *nicht* gemeint sein könnte.

Denn nicht ist ja null.

Und irgendwie ist *nicht* oder *null* nicht das, was in Sachen Virusverbreitung zu beobachten war in den letzten vier Jahren, oder?

Was aber alles ohnehin keine Rolle spielt.

Denn dieses Virus – egal ob auf natürliche Weise oder im Labor entstanden – ist ja nicht weltweit mit dem Füllhorn über die Menschheit gegossen worden.

Sondern es ist offensichtlich irgendwie auf einen Menschen übergesprungen – der Patient Null.[150]

Und daraus wurden dann weltweit 691 Millionen registrierte Übertragungen – ohne Dunkelziffer.

Hier wäre also schon die Formulierung *'es verbreitet sich nicht sehr'* gnadenlos euphemistisch gewesen.

Aber wie kann man angesichts der tatsächlichen Situation behaupten, es gebe *keine* Verbreitung?

Weiter mit Professor Ullrich:

"Es war schon Anfang 2020 klar, dass das Virus seine Pathogenität verlieren wird. Leider ist das in den Darstellungen nie so präsentiert worden, sondern man hat immer die höhere Infektiosität auch gleichgesetzt mit einer höheren Gefährlichkeit. Damit hat man den Stresslevel für die Bevölkerung hochgehalten."

Diese Aussagen sind falsch!

Die Erwartung, dass das Virus – in erster Linie durch seine Mutationen – sukzessive an Gefährlichkeit verliert, war immer und zu jeder Zeit Gegenstand der Diskussionen.

Das ist sogar heute noch so.

Lies Dir einfach Artikel über die neusten Varianten wie zum Beispiel *Pirola* durch.

Es wurde von den Experten *immer* darauf hingewiesen, dass ein Virus normalerweise durch Mutation schwächer wird.

---

[150] Der Standard: Patient Null
https://www.derstandard.de/story/3000000174948/patient-null-de

Es wurde dabei lediglich eingeschränkt, dass es auch anders kommen *könnte*.

Das waren nämlich die klassischen Artikel im Focus, wo von neuen Varianten die Rede war, die man zwar beobachten müsse, wegen denen man aber bisher nicht sonderlich besorgt sei.

Und wo dann in den darunter stehenden Kommentaren wieder von der berühmten Panikmache die Rede war.

Kannst Du nachprüfen.

Und wenn das Virus seine Pathogenität verliert und spätestens seit Omikron nicht mehr gefährlich ist, wie Professor Ullrich meint, wie kommt es dann, dass immer noch tausende Menschen gestorben sind, als diese Variante längst dominierte?

Ohnehin stellt sich ja auch hier wieder die Frage, *wie* gefährlich muss oder darf die Situation sein, um etwas zu unternehmen.

Professor Ullrich stellt dann weiter fest, das Virus sei immer ungefährlicher geworden, die Politik habe aber nicht reagiert.

Im gleichen Atemzug erwähnt er Karl Lauterbach und wie der jeweils seine *Gesetze reguliert* habe.

Erstens hatte Lauterbach in den ersten beiden Pandemiejahren gar keine Funktion.

Außer in Talkshows.

Er ist erst Ende 2021 zum Gesundheitsminister berufen worden.

Zweitens ist der Vorwurf, die Politik habe nicht reagiert, schon wieder falsch.

Denn wann war denn der letzte sogenannte Lockdown?

Der war meines Wissens im Mai 2021 zu Ende.[151]

Danach gab es nur noch punktuelle, wenn auch teilweise immer noch strikte Einschränkungen, jeweils angepasst an die akute Situation.

Ins selbe Horn wie Professor Ullrich stößt übrigens während der abschließenden Podiumsdiskussion Christian Rosenberg.

---

[151] Tagesschau: Rückblick Corona-Pandemie
https://www.tagesschau.de/inland/gesellschaft/corona-pandemie-rueckblick-101.html

Der sagt nämlich, die Kinder seien *zweieinhalb bis drei Jahre wegge-schlossen* worden.

Abgesehen von der martialischen Formulierung ist das also auch sachlich vollkommen falsch.

Auch an diesen beiden Fällen entzündet sich wieder die Frage, ob diese Leute nur schlecht informiert sind oder solche verfälschen-den Aussagen ganz bewusst tätigen.

Bemerkenswert dann eine weitere Aussage Professor Ullrichs:
"Wir sehen, dass Kinder, Jugendliche und Erwachsene unter Sechzig die Hauptträger der Infektion waren."

Hauptträger der Infektion?

Das ist richtig interessant, oder?

Vor allem angesichts der Tatsache, dass das jemand auf einer Konferenz sagt, die mit einem Flyer angekündigt wurde, auf dem die Rolle der Kinder während der Pandemie vehement *negiert* wird.

Dann präsentiert Professor Ullrich eine Grafik, aus der hervorge-hen soll, dass in den ersten beiden Pandemiejahren keine unübli-che Übersterblichkeit verzeichnet gewesen sei.

Nun, eine Übersterblichkeit von je nach Einschätzung 122.000 bis 195.000 halte ich persönlich *durchaus* für erheblich.

Zumal ja beispielsweise durch Grippe oder Verkehr weniger Menschen gestorben sind als zuvor, was man ja abziehen muss.

Ganz abgesehen, wieder einmal, vom Präventions-Paradoxon.

Was auf der ACCH-Konferenz ebenfalls nicht erwähnt wird.

Oder doch.

Allerdings in einem negativen Zusammenhang.

Nämlich mit dieser wörtlichen Aussage:
*"Die Impfung hat **nichts** gebracht."*

Die Professor Ullrich auch grafisch mit einem Daumen nach un-ten bekräftigt.

Nichts gebracht?

Nichts ist immer noch null, nicht wahr?

Nichts gebracht?

Die Corona-Impfung?

Er bekräftigt das, indem er sagt, es gebe aktuell *"mehr Krankschreibungen aufgrund der Schwächung des Immunsystems durch die **sogenannte Impfung**."*

Richtig:

Die Impfung war ja, wie wir im Flyer lesen konnten, gar keine Impfung, sondern eine *Gentherapie*.

Im Übrigen wird die derzeitige starke Häufung von Atemwegserkrankungen nicht der Impfung zur Last gelegt, sondern den Kontakteinschränkungen und den Masken.

Denn deshalb, so die Erklärung schon in den letzten beiden Jahren, seien die Menschen den Erregern seltener begegnet und hätten in der Folge nicht das erforderliche immunologische Gedächtnis entwickelt.[152]

Ein Professor der Medizin, der scheinbar in der Lage ist, den Aufbau eines Virus detailliert zu beschreiben, sollte so etwas wissen.

Und er legt weiter nach, indem er sagt, auch Abstand und Mundschutz hätten, wörtlich, *nichts* gebracht.

An dieser Stelle muss man einmal innehalten.

Und über die von Professor Ullrich verwendeten Formulierungen nachdenken.

Und über das, was jeweils dahintersteckt.

Erstens könnte man nachsichtig sein und Professor Ullrich bescheinigen, dass er halt manchmal ein wenig übertreibt, aber immer klar ist, was er *eigentlich* sagen will.

Vielleicht meint er, Impfung, Abstand und Masken hätten nur *wenig* gebracht, wenn er *nichts* sagt.

Vielleicht meint er, bei Tönnies seien nur *wenige* krank geworden, wenn er *keiner* sagt.

So wie Lauterbach mit *keine Nebenwirkungen* in Bezug auf die Impfung.

---

[152] Focus: Immunsystem durch Pandemie geschwächt
https://www.focus.de/gesundheit/coronavirus/immunsystem-durch-pandemie-geschwaecht-das-steckt-hinter-dem-begriff-immunschuld_id_180445638.html

Wobei Lauterbach das nur ein einziges Mal geschrieben hat, während er dutzende oder hunderte von Malen von *wenigen* oder *seltenen* Nebenwirkungen sprach.

Ullrich dagegen verwendet, wie wir gesehen haben, gleich mehrfach solche fragwürdigen Formulierungen.

Aber betrachten wir das zweitens einfach mal ganz nüchtern und gehen davon aus, mit *nichts* sei eigentlich *wenig* gemeint.

Bei der Impfung ist es so, dass sie nicht jeden schützt.

Je nachdem, wie schnell und wie stark das Virus mutiert, entzieht es sich immer mehr der Wirkung der Impfung.

Das beschreibt Fauci ausführlich in seinem besagten Aufsatz.

Bei den Masken kommt viel darauf an, welche es sind und wie sie getragen werden.

So wie es in der Praxis abgelaufen ist, haben sie weniger geschützt, als sie gekonnt hätten.

Beim Abstand ist es so, dass es relativ wenig bringt, dass man in einem engen Innenraum Abstand hält, insbesondere wenn man keine korrekt aufgezogene Maske trägt.

Denn die Aerosole schweben halt immer noch eine Zeitlang in der Gegend herum und können halt dann den nächsten erwischen, der reinkommt.

Das alles macht deutlich, worum es beim sogenannten Sandsack-Prinzip geht.

Abstand halten und Maske aufziehen, Hände waschen und lüften, dann ist das Ansteckungsrisiko wirksam reduziert.

Falls das Virus dann doch durchkommt, steht die Impfung als nächstes Bollwerk bereit.

Eines allein hat es schwer.

Alles zusammen eliminiert einen großen Teil des Risikos.

Das klingt ziemlich logisch, würde ich sagen.

Und jetzt kommen wir zu drittens.

Nämlich dem, worauf Professor Ullrich hinauswill.

Denn immer dann, wenn er sagt, irgendeine Maßnahme habe *nichts* gebracht – und vielleicht eigentlich meint, sie habe immerhin *ein klein wenig* gebracht –, will er damit ja sagen, man hätte auf sie verzichten sollen.

So wie Schrappe mit seinen 12.500 Masken.

Und das alles heißt unterm Strich:

Lasst die Maßnahmen weg – das erwähnte Händewaschen und Lüften lobt Professor Ullrich immerhin, das sind seine einzigen Zugeständnisse.

Und wenn dadurch halt ein *wenig mehr Menschen* sterben, dann kann man halt nichts machen.

Prinzip verstanden, lieber Leser?

Was Professor Ullrich dann über PCR-Test *und* erneut Masken sagt, ist klares Querdenker-Sprech.

Natürlich ist Ersterer extrem unzuverlässig und sind Letztere überwiegend unwirksam.

Dazu will ich mich gar nicht mehr weiter äußern.

Außer vielleicht, dass die gerade erst erwähnte Häufung von Atemwegserkrankungen eine sehr deutliche Sprache dahingehend spricht, was Maske tatsächlich bringt.

Denn aktuell trägt sie niemand.

Und die Menschen sind krank.

So wie mehrfach beobachtet in den letzten beiden Jahren, jeweils als die Maßnahmen gelockert wurden.

Während beispielsweise die Grippesaison teilweise komplett ausgefallen ist, als Maskenpflicht herrschte.

Dann zur nächsten suggestiven Behauptung von Professor Ullrich:

Er präsentiert eine Aussage von *Ugur Sahin*, dem Chef von *Biontech*.

Der soll am 09.12.2020 gesagt haben:

"Daten darüber, ob die Impfung vor einer Infektion oder Übertragung schützt, liegen erst in zwei bis sechs Monaten vor."

Das kritisiert Professor Ullrich.

Nach dem Motto, die haben ins Blaue hinein entwickelt und nicht ausreichend getestet und so weiter.

Interessant daran ist erstens, dass Professor Ullrich die zwei Monate, von denen Sahin auch gesprochen hatte, konsequent unter den Tisch fallen lässt und in der Folge nur noch von *sechs Monaten* und *frühestens im Juni* spricht.

Zufall?

Dann knöpft er sich in dem Zusammenhang ausgerechnet die Bild-Zeitung vor.

Er zeigt mehrere Schlagzeilen dieses Blattes, in denen jeweils die durchschlagende Wirkung der Impfung vorhergesagt wird.

Und das nennt er die Botschaften der ersten Monate und sagt anklagend:

"Das alles ist belegt."

So, als sei die Titelseite der Bildzeitung das offizielle Organ der Regierung und des RKI.

Aber das ist typisch für die Leugner.

Denen ist völlig egal, wer irgendwann wo was gesagt hat.

Wenn es ins Narrativ passt, dann sind sogar die Verlautbarungen der sogenannten Lügenpresse opportun.

Allerdings ist das noch nicht alles, was die vermeintliche Aussage des Herrn Sahin anbelangt.

Denn der hat in einem anderen Interview am 02.12.2020, also genau eine Woche vorher, Folgendes gesagt:[153]

"Hinzu kommt natürlich, dass dieser Impfstoff eine sehr hohe Wirksamkeit hat und 95 Prozent der Immunisierten vor einer Krankheit schützen kann."

Offenbar hat man also die Wirksamkeit des Impfstoffs *sehr wohl* getestet und ermittelt.

Dann fügt Sahin hinzu, dass man aktuell Daten zur sogenannten *Immunantwort* für drei Monate habe.

---

[153] YouTube: Sahin zu den Impfstoffen
https://youtu.be/Xx9v3qcC-Y

Und hier schließt sich vermutlich der Kreis zur obigen, von Professor Ullrich kritisierten Aussage.

Denn es klingt irgendwie logisch, dass man für einen bestimmten Zeitraum Daten hat und diese sukzessive ergänzt werden müssen.

Und wer sollte so etwas besser wissen und beurteilen können als ein Doktor der Medizin mit Professorentitel?

Das zu den medizinischen Aussagen.

Nun noch einige allgemeinere Äußerungen von Professor Ullrich.

Erstens hat er seinen Vortrag mit dem Bild eines geschlossenen Bahnübergangs begonnen.

Dazu sagte er dann sinngemäß:

"Man steht vor der Schranke und es kommt kein Zug."

Damit wollte er natürlich sagen, man hat das Land weggeschlossen, obwohl es keine Gefahr gab.

Wäre interessant zu hören, wie zutreffend die Angehörigen der 173.000 deutschen Corona-Toten dieses Beispiel finden.

Zweitens sagt er:

"Menschen von außen haben uns beobachtet, wie wir uns verkrochen haben aus Angst, wie wir die Türen verschlossen haben."

Ja und nein, Herr Professor Ullrich.

Menschen haben die Frommen *tatsächlich* beobachtet, wie sie die Türen verschlossen haben.

Aber nicht, weil die Predigt und das Singen ausfiel.

Sondern weil die *Diakonie* ausfiel.

Ganz anders als damals bei Luther.

Denn der hat, als die Pest wütete, *nicht* das getan, was Wolfgang Nestvogel immer wieder behauptet.

Nämlich unbedingt die Predigt aufrechtzuerhalten.

Vielmehr hat er Wert darauf gelegt, *zu den Menschen* zu gehen und sich um sie und ihr Leid zu kümmern und sich selbst dem Risiko der Erkrankung und des Todes auszusetzen, anstatt sie in die Kirche zu befehlen.[154] [155]

Zweitens haben die Menschen noch etwas ganz anderes beobachtet.

Nämlich, dass die Frommen gemeinsam mit den Rechten marschiert sind, als es darum ging, gegen die Corona-Maßnahmen zu protestieren.[156]

Abschließend spricht Professor Ullrich dann von dem anfangs gezeigten Vogelschwarm, aus dem man sich vier, fünf Vögelchen herausgezogen habe, ohne das Gesamtbild zu beachten.

"Und die wurden ja nicht ungezielt herausgenommen. Wir wissen ja, dass jeder Vogel bestimmten Leuten ein enormes Potenzial an Geld eingebracht hat. Dass man gerade diese Vögel genommen hat."

Tja, dann schauen wir uns angesichts dieser Andeutung doch nochmal an, wie denn der Titel von Professor Ullrichs Vortrag hieß.

Nämlich *Fakten statt Verschwörungstheorien.*

Und dann stellt er einfach so in den Raum, dass die Virusbekämpfung so ausfiel, wie sie ausfiel, weil einige damit Kohle machen wollten.

Fällt das nun unter *Fakten* oder unter *Verschwörungstheorien?*

In jedem Fall fällt es meines Erachtens unter *Verleumdung.*

Und somit zum falsch Zeugnis reden.

Somit unter das achte Gebot.

Und genau darum drehen sich auch die nächsten Aspekte aus Professor Ullrichs Vortrag.

---

[154] Kirche Rehweiler: Luther und die Pest
https://www.kirche-rehweiler-fuettersee.de/martin-luther-ueber-die-pest
[155] DeGruygter: Luther und die Pest
https://www.degruyter.com/document/doi/10.1515/spircare-2020-0083/html
[156] Spiegel: Liane Bednarz zu Christen und Corona
https://www.spiegel.de/politik/deutschland/christliche-corona-verharmloser-lebensgefaehrliche-lebensschuetzer-a-8c5ac68a-c030-414d-bb89-ed81cd992cf7

Dieser hatte ja betont, dass ein Virus sich üblicherweise dadurch auszeichnet, dass seine Gefährlichkeit sukzessive nachlässt.

Oder, wie er es formuliert, eher nicht sukzessive, sondern rapide.

Nun wirft er dem Londoner Imperial College vor, Panik verbreitet zu haben.

Denn das hatte im März 2020 die Befürchtung geäußert, die Pandemie könne bis August (2020) dauern und im besten Fall in Großbritannien 250.000 Tote und in den USA 1,1 bis 1,2 Millionen Tote fordern.[157]

Diese Zahlen sind so nicht eingetroffen.

Somit hat Professor Ullrich vordergründig recht.

Allerdings lässt er dabei unter den Tisch fallen, in welcher Situation die Londoner Forscher ihre Modellierung erstellt haben.

Nämlich im März 2020 unter dem Eindruck der Ereignisse insbesondere in Bergamo.

Also angesichts einer dramatischen Entwicklung.

Und angesichts eines zu diesem Zeitpunkt extrem tödlichen Virus.

Denn genau das sagt Professor Ullrich ja selbst über den Beginn der Pandemie, indem er darauf verweist, dass das Virus sehr tödlich anfängt und dann gemäß Lehrbuch an Gefährlichkeit verliert.

Und ich bin mir nicht ganz sicher, ob in den Lehrbüchern auch eine Art Terminplan zu finden ist, der genau aufzeigt, *wann* das Virus mutiert und ungefährlich wird.

Da will nun im Nachhinein einer diesen Leuten Vorwürfe machen, weil die Befürchtungen sich letztlich nicht bewahrheitet haben?

Dann präsentiert Professor Ullrich ein sogenanntes Pre-Print einer amerikanischen Studie, die herausgefunden haben will, wie stark die Gefährlichkeit des Corona-Virus mit der Variante Omikron abgenommen hat.

Abgesehen davon, dass dieser Fakt von niemandem ernsthaft bestritten wird:

---

[157] WSWS: Befürchtungen des Imperial College
https://www.wsws.org/de/articles/2020/03/19/covi-m19.html

Ich frage mich, warum Professor Ullrich hier ein Pre-Print zitiert.

Denn ein Pre-Print ist eine Forschungsarbeit, die noch nicht von Fachkollegen geprüft ist.

Und nach mehr als anderthalb Jahren – das Pre-Print war, soweit ich informiert bin, von Anfang 2022 – sollte doch die finale Fassung beziehungsweise die Freigabe als wissenschaftliche Studie vorliegen.

Die man dann anstelle des Pre-Prints hätte präsentieren können.

Da stellt sich also die Frage, ob in der finalen Fassung womöglich etwas steht, was dem von Professor Ullrich gewollten Ergebnis widerspricht.

Ob das verdächtig ist?

Klare Antwort meinerseits:

Nach dem, was ich bisher mit dem ACCH und auch mit Professor Ullrich erlebt habe, eindeutig ja!

Schon wieder zusammengezuckt, lieber Leser?

Dann war das schon wieder voreilig.

Denn jetzt kommt's noch schlimmer:

Bezug nehmend ausgerechnet auf besagtes Pre-Print und der damit verbundenen Aussage, wonach mit Omikron alles nicht mehr schlimm war, zitiert Professor Ullrich nun Karl Lauterbach und klagt ihn an.

Dieser hat Folgendes gesagt:

"Wir kommen in eine Phase hinein, wo der Ausnahmezustand die Normalität sein wird. Wir werden ab jetzt immer im Ausnahmezustand sein."

Diese Aussage bringt Professor Ullrich mit der gegenteiligen Aussage des Pre-Prints in Verbindung.

Also der, wonach alles wieder weniger schlimm und somit normal werde.

Inklusive Quellenangabe und sogar der Information, an welcher Stelle im verlinkten Video Lauterbach das gesagt hat.

Lauterbach mache also entgegen aller vorliegenden Fakten einfach mit seiner Panikmache weiter.

Zum Glück hat uns ja die Erfahrung gelehrt, die präsentierten Belege immer zu prüfen.

Und das habe ich selbstverständlich auch hier getan.

Dabei habe ich erstens herausgefunden, dass Lauterbach besagte Aussage tatsächlich getätigt hat.

Ich habe zweitens aber auch herausgefunden, worum es dabei *ging*.

Nämlich um den *Klimawandel*!

Und nicht um irgendeine nachlassende oder noch vorhandene Gefährlichkeit eines Virus.

Du kannst es nachhören.

Der Titel der Sendung lautet:

'Karl Lauterbach: 'Bevor es zu spät ist' – Die Schöne Lesung'

https://www.youtube.com/watch?v=uBAvmrbsuLE

Dazu fängst Du am besten bei etwa Minute 56 an, damit Du auch den Kontext hast.

Dann wirst Du feststellen, dass Frau Professor Doktor Claudia Kemfert sich in ihrem mehrminütigen Vortrag vornehmlich mit dem Klimawandel auseinandersetzt, dabei einmal Corona und einmal den Ukraine-Krieg erwähnt und dann zu dem Fazit kommt, das sei unsere *neue Normalität*.

Damit will sie quasi sagen, dass wir aufgrund unterschiedlicher, gleichzeitiger Ereignisse in einem permanenten Krisenmodus sind.

Darauf antwortet Lauterbach wörtlich wie folgt:

"Ich stimme zu. Wir kommen jetzt in eine, also, Phase hinein, wo der Ausnahmezustand die Normalität sein wird. Wir werden ab jetzt immer im Ausnahmezustand sein. Also der Klimawandel wird zwangsläufig mehr Pandemien bringen. Mehr Pandemien werden also die Wirtschaft belasten, also unterbrechen. Wir kommen in eine Situation des globalen Wassermangels hinein, und Kriege für Wasser sind fast unvermeidbar."

Und nun, lieber Leser, würde ich gern zweierlei von Dir wissen:

Erstens:

Was haben Lauterbachs Aussagen mit dem zu tun, was Professor Ullrich ihm in den Mund legt?

172

Richtig:

Nicht das Geringste.

Zweitens:

Bist Du der Meinung, es handele sich hier wieder einmal um eins dieser berühmten Missverständnisse?

So eins, wie sie sich durch dieses ganze Buch ziehen?

So eins, wo mal wieder einer nicht so genau hingehört hat?

Ich würde sagen, wir haben hier glasklare Verleumdung und glattes Lügen gleichzeitig!

Aber wir sollen ja barmherzig sein, und überhaupt heißt es ja:

Im Zweifel für den Angeklagten, und es gilt die Unschuldsvermutung.

Also gestehen wir Herrn Professor Ullrich zu, ohne bösen Willen manchmal nicht alles, was so auf seinen Tisch flatterte, gründlich geprüft zu haben.

Wäre ja denkbar.

Wäre da nicht die Eingangsbemerkung gewesen, die er seinen Ausführungen vorangestellt hat.

Denn die lautete wie folgt:

"Bevor ich mich überhaupt zu einer Sache äußere, kritisch, sollte ich sie selber gut verstanden haben."

Das sei nämlich der Grund dafür gewesen, dass er in der DDR in *Marxismus-Leninismus* eine Eins gehabt habe.

Jetzt, lieber Leser, musst Du Dich also entscheiden:

Missverständnisse aufgrund mangelhafter Prüfung?

Oder klare Täuschungsabsicht eines Herrn, der ausdrücklich Wert darauf legt, dass er alles hinterfragt und versteht, bevor er sich äußert?

Und das Ergebnis kannst Du dann mal in Verbindung bringen mit einer weiteren Aussage Professor Ullrichs aus der abschließenden Podiumsdiskussion.

Denn da mahnt er an, man müsse mit denen, die während der Pandemie nicht den klaren Blick hatten, *demütig auf die Knie gehen*.

Lehne ich mich angesichts dessen, was ich Dir hier aufgezeigt habe, zu weit aus dem Fenster, wenn ich sage, dass es einen ganz anderen Grund für Leute wie Professor Ullrich gibt, demütig auf die Knie zu gehen, als sie offenbar meinen?

14.02 Eberhard Dahm

Kommen wir nun zu Eberhard Dahm.

Der berichtet in seinem Vortrag davon, wie ausgiebig er sich speziell über die Impfung informiert habe.

Da stellte sich mir gleich die Frage, wie dieses Informieren wohl ausgesehen hat angesichts dessen, was er nun darüber sagt.

Beispielsweise, dass er das *Risiko* einer Impfung nicht eingehen konnte.

Dann verweist er auf die Aussage aus dem Timotheus-Brief, wonach die christliche Gemeinde *Säule und Grundfeste der Wahrheit* ist.

Und sagt dazu:

"Wem die Wahrheit Wurst ist, der betreibt die Salamitaktik. Scheibchenweise kriegt man jetzt langsam mit, was war."

Und dann kommt's:

"Dass es keine Pandemie gab, sollte bekannt sein."

Das ist dann wirklich unfassbar.

Das ist der Prototyp der totalen Realitätsverweigerung.

Du erinnerst Dich dunkel:

Zwanzig Millionen Tote weltweit.

Und dann legt Dahm nach:

Es gebe eine überproportionale Zunahme von Fehlgeburten aufgrund der Impfung.

Die gibt es aber gerade *nicht*.[158]

Was das Thema Schwangerschaft angeht, ist das genaue Gegenteil der Fall.

---

[158] BR: Angebliche Zunahme von Fehlgeburten durch Corona-Impfung
https://www.br.de/nachrichten/wissen/corona-impfung-fuehrt-nicht-zu-mehr-fehlgeburten,SZAYiCt

Und zwar, dass eine *Infektion mit dem Virus* das Risiko erhöht.[159]

Und nicht nur das für eine Fehl-, sondern auch das für eine Frühgeburt mit ihren möglichen negativen Folgen.[160]

Hier kann man sehr deutlich sehen, wie vollkommen unverantwortlich, ja wie absolut *ungeheuerlich* es ist, einfach irgendwelche Behauptungen nachzuplappern, ohne irgendeinen Beleg dafür vorweisen zu können.

Denn man muss sich nur vorstellen, dass Herr Dahm ein frommer Mann ist, der ständig betont, wie sehr er die Wahrheit liebt.

Und vielleicht predigt er in einer Gemeinde.

Und da sitzt dann eine schwangere Frau und hört diesen gemeingefährlichen Unsinn.

Und lässt sich nicht impfen.

Und infiziert sich mit dem Virus.

Und schädigt sich und womöglich das ungeborene Kind.

Mir fällt dazu nur noch eins ein:

Wie kann man nur?

14.03 Wolfgang Nestvogel

Dann kam Wolfgang Nestvogel.

Und betonte die Notwendigkeit der Aufarbeitung der Geschehnisse in den Gemeinden.

Das sehe ich wie gesagt auch so und mahne es seit zwei Jahren an.

Natürlich aus der komplett entgegengesetzten Perspektive wie Nestvogel.

Dann verweist Nestvogel auf einen Artikel in der *Zeitschrift für Religion und Weltanschauung.*

In dem wird unter dem Titel *Der Staat als Tyrann* ausgerechnet der ACCH besprochen.

Und da gehen einem dann die Augen über.

---

[159] Pharmazeutische Zeitung: Infektion erhöht Risiko für Schwangere
https://www.pharmazeutische-zeitung.de/corona-infektion-erhoeht-risiken-fuer-komplikationen-138131/
[160] Focus: Zahl der Frühgeburten stieg durch Corona
https://m.focus.de/gesundheit/news/sars-cov-2-zahl-der-fruehgeburten-stieg-durch-corona_id_254315930.html

An dieser Stelle hat sich auch meine Einschätzung der Mitglieder des ACCH wieder gedreht.

Denn zwischenzeitlich war es mal anders.

Und zwar gab mir die Tatsache, in welchem Brustton der Überzeugung alle Teilnehmer der Konferenz ihre Thesen formulierten, zu denken.

Die schienen vollkommen überzeugt zu sein von dem, was sie erzählen.

Und was in totalem Gegensatz zum weltweiten Konsens steht.

Also war die Frage:

Sind das alles exzellente Schauspieler?

Sind sie verblendet – also sozusagen nicht schuldfähig?

Oder haben sie am Ende vielleicht sogar recht?

Wie auch immer, ich habe mir den von Nestvogel erwähnten Artikel sofort besorgt.

Leider wurde mir untersagt, ihn weiterzugeben.

Wer sich dafür interessiert, muss sich selbst drum kümmern.[161]

Lohnen würde es sich.

Wolfgang Nestvogel beschwert sich jedenfalls darüber, dass dem ACCH in besagtem Artikel Verschwörungstheorien und letztlich Antisemitismus vorgeworfen würde.

Und stellt klar, dass der ACCH keinesfalls antisemitisch ist und die Juden als Gottes Augapfel ansieht.

So weit, so gut und richtig.

Was mir in diesem Zusammenhang nur ganz nebenbei noch einfällt:

Es ist schon irgendwie bedenklich, dass man weder zum Ukraine-Krieg noch zu den entsetzlichen Geschehnissen in und um Israel so etwas wie ein Aufbegehren aus dem christlichen Lager hört.

Wegen Corona wird eigens ein Verein gegründet.

Ohne dass der geringste Anlass dafür bestanden hätte.

---

[161] EZW Berlin: https://www.ezw-berlin.de/publikationen/zeitschrift-fuer-religion-und-weltanschauung/
https://www.ezw-berlin.de/publikationen/zeitschrift-fuer-religion-und-weltanschauung/

Warum gibt es für die Ukraine oder Israel keinen ACUH oder ACIH?

In dem Artikel selbst ist lediglich von verschwörungstheorieaffinen Positionen und von strukturellen Parallelen zum Mythos einer jüdischen Weltverschwörung die Rede.

Aber das sind Wortklaubereien.

Ich glaube tatsächlich nicht, dass beim ACCH Antisemitismus ein Thema ist.

Allerdings findet man etwas völlig anderes.

Und nun wird es ekelhaft.

Finde jedenfalls ich.

Denn einer der ständigen Mitglieder des ACCH ist laut Homepage *Dr. Stefan Felber*.

Und dem wird in besagtem Artikel einiges an Raum gewidmet.

Denn er hat ein Buch geschrieben, indem er sich verkürzt gesagt gegen die deutsche *Kollektiv- oder Erbschuld* in Bezug auf den Holocaust wendet.

Und das tut er mit einer Wortwahl und unter Bezug auf Äußerungen anderer Personen, dass es mir die Schuhe auszieht.

Das nennt man stramm rechts.

Und natürlich arbeitet auch er sich am berühmten *Great Reset* ab.

Bald muss man ja fragen, wer das eigentlich noch *nicht* tut.

Und an dieser Stelle hat sich mein Empfinden gedreht.

Denn nun bin ich mehr denn je davon überzeugt, dass die Leute des ACCH sich auf einem ganz klaren und bewussten Kurs nach – ganz – rechts befinden.

Da ist die Nähe zur AfD gar nichts Abstraktes mehr, sondern etwas sehr Reales mit all ihren ekelhaften Facetten.

Insgesamt kann ich den besprochenen Artikel generell empfehlen, denn er bringt die Aussagen und die Aktivitäten des ACCH sehr treffend auf den Punkt.

Darüber hinaus wird ein weiteres Buch erwähnt.

Nämlich *Gott oder Staat* von *Nathan Busenitz* und *James Coates*.

Letzterer ist der kanadische Pastor, der wegen Verstoßes gegen die Corona-Auflagen für mehrere Tage im Gefängnis war.

Und den man dann in der Leugner-Szene als Held feierte und mit *Daniel in der Löwengrube*, dem Puritaner *John Bunyan* oder dem *Kirchenvater Polycarp* verglich.

Dieser ist übrigens der Überlieferung nach auf dem Scheiterhaufen verbrannt worden.

Busenitz und Coates schreiben laut Artikel in ihrem Buch unter anderem Folgendes:

"Wir leben in einer gefallenen Welt, und Viren und Tod sind in einer gefallenen Welt unvermeidlich. In dieser Welt wurde ein Virus freigesetzt und Gott ist souverän über dieses Virus. Die Auswirkungen dieses Virus sind nicht die Verantwortung der Regierung."

Hat man da noch Worte?

Ich habe noch welche.

Erstens:

Wollte man diesem Irrsinn folgen, könnte man in Deutschland sämtliche Notfallzentralen schließen und die Telefonnummer 112 abklemmen.

Außerdem könnte man auch sämtliche Krankenhäuser dichtmachen; denn wenn Gott souverän über dieses Virus ist, dann ist er es doch sicher auch über Krebszellen und Ähnliches.

Und das wäre sozusagen sogar eine Win-Win-Situation, denn dann wäre endlich der unter Corona-Leugnern so verhasste Gesundheitsminister Lauterbach weg vom Fenster.

Zweitens:

In dem Artikel wird mitgeteilt, wer besagtes Buch der Herren Busenitz und Coates ins Deutsche übersetzt hat.

Das ist erstens derselbe, der mit seiner christlichen Institution das *Settlement* in Kalifornien mit der Grace Community Church als *Sieg* übersetzt und verkauft hat.

Er ist zweitens derjenige, der mir im Hinblick auf die ACCH-Konferenz quasi Polizeigewalt angedroht hat, indem er ankündigte, im Falle meines Erscheinens vom Hausrecht Gebrauch machen zu wollen.

Und er hat mir noch mehr geschrieben.

Nämlich das:

"*Dabei* (es geht um die Aufarbeitung!) *scheuen wir anderslautende Meinungen und Informationen nicht, sondern beschäftigen uns mit solchen offen und kritisch, wo wir dies als sinnvoll beurteilen. Dies ist bei Ihnen **nicht** der Fall.*"

(Nicht *war zur besonderen Hervorhebung kursiv geschrieben.*)
Meine Einlassungen waren es also nicht wert, sich mit ihnen auseinanderzusetzen.

Und jetzt lesen wir das hier.

Die Regierung hat keine Verantwortung bezüglich des Virus.

Aus dem Englischen übersetzt und veröffentlicht.

Du, lieber Leser, kannst Dir nun überlegen, wie Du die Ausführungen, die Du in diesem Buch bisher gefunden hast, in Einklang bringst mit der Bewertung *nicht sinnvoll*.
Und nachfolgend mit dem, was besagter ACCH-Mitarbeiter offensichtlich für sinnvoll *hält*!

Im Artikel von *Daniel Rudolphi* findet man übrigens noch eine weitere Facette der Unglaubwürdigkeit.

Nämlich die hinsichtlich der Definition von Freiheit.

Denn hier zeigt sich – wie eigentlich jedes Mal, wenn irgendjemand einen Freiheitsbegriff formuliert –, dass es dem Betreffenden jeweils immer um *seine ganz persönliche Definition* von Freiheit geht.

Rudolphi zitiert Tobias Riemenschneider und *Michael Windhövel*, die sich beide allen Ernstes für *ungehindertes Atmen* und, wörtlich, *freie Sauerstoffatmung* aussprechen.

Dieses Thema an eine Diskussion über Freiheit zu knüpfen ist für sich betrachtet schon bemerkenswert.

Aber gerade die konservativen Christen sind ja an größtmöglicher Freiheit gar nicht interessiert.

Gerade deshalb sind die meisten von ihnen ja so AfD-affin.

Sie beklagen sich doch über den Sittenverfall und über das, was die antigöttliche Regierung den Familien und den Kindern alles antut und noch alles antun will.

Damit haben sie größtenteils sogar recht.

Sie vergessen dabei aber völlig, dass diese Entwicklungen offensichtlich dem Freiheitsbegriff der Menschen da draußen, ergo der Gesamtgesellschaft, entsprechen.

Ebenso wie beispielsweise die Abtreibung.

Und diese Gesamtgesellschaft wiederum, damit schließt sich dann der Kreis, nahm zu mindestens zwei Dritteln den angeblich so gewaltigen Freiheitsentzug bei der Atemluft bereitwillig in Kauf.

Freiheit macht sich *immer* dadurch bemerkbar, dass es an ihren Rändern zu Missbrauch und Ausuferung kommt.

Das muss man wissen.

Was jedoch der rechte Flügel der modernen Christenheit anstrebt, ist überspitzt ausgedrückt letztlich so etwas wie eine westliche, christliche Form der Scharia.

14.04 Die Podiumsdiskussion

Dabei gab es erwartungsgemäß keinen einzigen, der irgendetwas, das gesagt wurde, infrage gestellt hätte.

Und so konnten gleich zwei der Teilnehmer ihre Dankbarkeit dafür ausdrücken, dass ausgerechnet sie einen *klaren Blick* in und zu der Pandemie gehabt hätten.

Was uns wieder zu der entscheidenden Frage führt.

Nämlich der, wer hier *tatsächlich* einen klaren Blick hatte und hat.

Wollen wir gemeinsam versuchen, uns einer Antwort darauf zu nähern?

Erstens müssen und dürfen wir festhalten, dass die Position des ACCH ist, es gab wahlweise gar keine Pandemie oder nur eine so kleine, dass man sich nicht drum scheren musste.

Dem gegenüber stehen der weltweite Befund und all die Fakten und Schlussfolgerungen, die Du in diesem Buch oder auch sonst wo hören oder lesen konntest.

Denn es ist ja nicht so, als ginge es hier um die subjektive Widerlegung einer gegensätzlichen Meinung.

Was ich hier vertrete, ist der klare Mehrheitskonsens.

Meine Arbeit bestand lediglich darin, ein paar Hintergrundinformationen zusammenzutragen und Hintergründe zu beleuchten.

Der Ansicht des ACCH gegenüber steht außerdem die Tatsache, dass die Zahl derer, die dieselbe Position wie der ACCH vertreten, eben auch unter den jeweiligen Experten verschwindend gering ist.

Man spricht hier wie schon erwähnt von zwei Prozent wissenschaftlichen Abweichlern.

Und im Normalfall weiß nun einmal die Mehrheit, wo es langgeht.

Dabei gibt es lediglich eine klare und immer wieder erscheinende Ausnahme.

Nämlich dann, wenn es um die Existenz Gottes geht.

Und daran direkt anschließend um die Beurteilung der Situation in und um Israel.

Zweitens jedoch muss man sich als Christ darüber im Klaren sein, dass es tatsächlich einen Teufel gibt.

Und dass der immer noch eine Menge Einfluss hat.

Und das Potenzial, die Sinne der Menschen, auch der Gläubigen, total zu verdrehen.

Das hat er offensichtlich zum Thema Corona getan.

Denn die jeweiligen Positionen liegen weiter auseinander als der Osten vom Westen.

Also muss drittens geklärt werden, welches der beiden Lager verblendet ist.

Da würde sich mir viertens zunächst einmal die Frage stellen, wie diesbezüglich die Tatsache zu werten ist, dass diejenigen, die die Position des ACCH vertreten, so zahlreich zu halben Wahrheiten und ganzen Lügen greifen, um die Menschen zu überzeugen und ihre Ansichten zu rechtfertigen.

In diesem Buch hast Du diesbezüglich meines Erachtens eine Menge an Belegen dafür gefunden.

Während ich Dich bis hierher kein einziges Mal belogen habe.

Und das im weiteren Verlauf ebenfalls nicht tun werde!

Das heißt also, Du musst jetzt darüber nachdenken, wie glaubwürdig diejenigen sind, die behaupten, den klaren Blick zu haben und nicht verblendet zu sein – das Ganze aber mit einem Haufen Unwahrheiten verkaufen.

Ob es also sein kann, dass der Teufel das eine Lager verblendet, während das andere, das nicht Verblendete, das mit dem klaren Blick, permanent gegen das achte Gebot verstößt.

Ich glaube, die Antwort hierzu liegt auf der Hand.

Und das wird durch den fünften Punkt nochmals untermauert:

Du hast ja gelesen, dass die Mitglieder des ACCH neuerdings und allen Ernstes vom anderen Lager erwarten, dass dieses sich für sein Verhalten *entschuldigt* und *Buße tut*.

Wofür eigentlich genau?

Was haben die anderen anders gemacht als die vom ACCH?

Schauen wir uns das mal an.

Erstens haben sie sich den staatlich verordneten Kirchenschließungen gefügt.

Zweitens haben sie sich dem staatlich verordneten Singverbot gefügt.

Drittens haben sie das deshalb getan, weil sie einen Bibelvers wörtlich dahingehend interpretiert haben, dass sie der Obrigkeit untertan sein sollten.

Von weichen Faktoren wie Nächstenliebe, Empathie und Mitgefühl analog zum Barmherzigen Samariter müssen wir jetzt mal nicht reden.

Sondern konzentrieren uns auf die Formalien.

Und bewerten die.

Und tun das mal aus der fiktiven Sicht eines geistig und geistlich Einfachen, um nicht zu sagen, Armen, wie mir.

Einem ohne größere theologische Fähigkeiten.

Es wird womöglich hier und da ein wenig albern klingen, aber ich denke, das, was ich ausdrücken will, wird deutlich werden.

14.05 Der geistig und geistlich Arme

Es gibt keine konkrete Aussage in der Heiligen Schrift dazu, wann und wie die Zusammenkünfte der Gemeinde abzulaufen haben.

Es gibt keine konkrete Aussage in der Heiligen Schrift dazu, wann und wie das Lob Gottes durch Singen stattzufinden hat.

Somit ist die jeweilige Festlegung auf Sonntag, Mittwoch oder was auch immer menschengemacht.

Und könnte jederzeit auf Montag und Donnerstag geändert werden, ohne dass einen der Blitz trifft wie Hananias und Saphira.

Sozusagen.

Jetzt kommt der Staat.

Der sagt:

- *"Wir haben eine Bedrohung, die größer wird, wenn sich Menschen treffen, und noch größer, wenn diese auch noch laut singen.*
- *Also lasst das für eine Zeitlang sein, damit wir Menschenleben schützen können.*
- *Übrigens ist nicht nur eure Gemeinde betroffen, sondern auch der Männergesangverein und das Freudenhaus."*

Ich als theologisch unbedarfter Mensch denke:

Ja nun, das ist die Obrigkeit.

Der soll ich ja gehorchen.

Und das, so wie ich das verstehe, sogar dann, wenn diese Obrigkeit keine gute ist.

Jedenfalls steht in Römer 13 nichts anderes.

Und der Herr Nestvogel hat's auch gesagt.

Also gehorchen.

Vorher schnell noch die zehn Gebote und ein paar andere Stellen prüfen.

Nein, nirgendwo steht etwas wie:

Du sollst dich sonntags um zehn mit den anderen treffen und möglichst laut singen.

Alles klar also.

Allerdings:

Ob denn diese Bedrohung wirklich echt ist?

Da gibt es doch ein paar brillante, berühmte, renommierte, seriöse und erfahrene Experten, die sagen, das sei alles Quatsch.

Der eine sagt so, der andere so.

Was mache ich denn jetzt?

Auf die Minderheit hören wäre ein bisschen mutig.

Und hatten wir nicht kürzlich diesen Open-Air-Gottesdienst am Stadtrand von Berlin?

Da war doch diese Löwin ausgebüxt, die sich hinterher als Wildschein entpuppt hat.

Das war lustig.

Natürlich haben wir den Gottesdienst sofort abgebrochen.

Alles andere wäre doch fahrlässig von der Gemeindeleitung gewesen.

Wir konnten ja zu dem Zeitpunkt nicht wissen, dass es nur ein harmloses Wildschwein war.

Tja, wenn ich's recht bedenke, ist mir jetzt klar, was zu tun ist.

Also solange nicht eindeutig erwiesen ist, dass die Situation harmlos ist, lieber auf Nummer Sicher gehen.

Okay, dann machen wir zu und singen nicht.

Dann kommt selbige Obrigkeit und sagt:
- *"Lasst euch impfen.*
- *Erstens schützt ihr euch selbst, zweitens auch euren Nächsten.*
- *Und das aus zwei Gründen.*
- *Wenn ihr nämlich ungeimpft krank werdet und ins Krankenhaus müsst, könnte es im schlimmsten Fall passieren, dass irgendwann nicht mehr genug Beatmungsgeräte da sind.*
- *Außerdem bietet die Impfung einen Fremdschutz, weil nämlich die Antikörper der Impfung das Virus bekämpfen und schwächen und dadurch die Virenlast reduzieren."*

Jetzt haben komischerweise genau dieselben Gegenexperten wie vorhin gesagt, auch das sei alles Quatsch.

Es gebe gar keinen Fremdschutz.

Andererseits klang das Argument mit den Antikörpern irgendwie sinnvoll.

Schon wieder so eine Entscheidung.

Aber wie war das noch mit der Löwin?

Dann lasse ich mich wohl besser mal impfen.

Aber Moment.

Was ist denn mit dem Risiko, sich durch die Impfung zu schädigen?

Das soll ja sehr hoch sein, sagen schon wieder dieselben.

(Irgendwie schon interessant, dass das immer dieselben Experten sind. Die kennen sich ja scheinbar überall aus!)

Während die anderen sagen, das Risiko, durch eine Infektion Schaden zu erleiden, ist in fast allen Bevölkerungsgruppen höher.

Aber den Nächsten schützen, das klingt gut.

Ich soll den ja lieben wie mich selbst.

Und ich selbst will auch nicht krank werden oder sterben.

Aber ein bisschen mulmig ist mir schon.

Aber Moment.

Wie lautete denn noch der Bibelspruch, der bei meiner Oma an der Wand hängt?

Weiß ich nicht mehr auswendig.

Aber die Stelle weiß ich.

Irgendwas mit 8.

Oder 28.

Richtig:

Römer 8,28.

Gerade mal schauen, was da steht.

"Wir wissen aber, dass denen, die Gott lieben, alle Dinge zum Guten dienen!"

Alle Dinge?

Das heißt ja auch die schlechten!?

Wie zum Beispiel ein Impfschaden.

Und Gott lieben?

Was ist damit?

Muss ich mal überlegen.

Wenn ich aus Nächstenliebe etwas tue, ist das dann auch Liebe zu Gott?

Klar.

Da gibt es doch das Doppelgebot der Liebe.

Du sollst Gott lieben.

Und deinen Nächsten.

Das hängt doch irgendwie zusammen.

Ja, dann ist die Sache klar.

Wo ist das nächste Impfzentrum?

Lange Rede, kurzer Sinn:

Hier hat also der einfache Geist mit einer reinen Herzenshaltung und aus reinen Motiven und nach bestem Wissen und Gewissen das getan, was ihm nach seiner begrenzten Erkenntnis die Bibel teilweise wörtlich aufträgt.

Und jetzt hätte ich gerne gewusst, wofür ich mich nun entschuldigen und wofür ich Buße tun soll!?

Ob damit nun klar ist, wer hier die Geisterfahrer sind?

Damit zu einer weiteren Gruppierung, die die falsche Ausfahrt genommen hat.

Natürlich die nach rechts.

15 Die Christen in der AfD

Es ist offensichtlich kein Zufall, dass die meisten, wenn nicht alle der hierzulande bekannten christlichen Corona-Leugner eine Affinität zur AfD pflegen.

Das geht offensichtlich auch immer mehr, beinahe hätte ich gesagt, *normalen* Christen so.

Es ist auch teilweise nachvollziehbar.

In einer Zeit, in der die Welt immer mehr ins Chaos abdriftet und wir die wohl schlechteste – und antigöttlichste – Regierung aller Zeiten haben, sehnt man sich nach der berühmten starken Hand, die wieder Ordnung schafft und biblische Maßstäbe erfüllt.

Dabei vergisst man nur ein paar entscheidende Aspekte.

Erstens eine Tatsache, der sich augenscheinlich noch nicht viele Menschen bewusst sind.

Nämlich die, dass diese Welt schlicht und ergreifend *nicht mehr regierbar ist.*

Die Komplexität und die Konflikte nehmen so rasant zu, dass überhaupt kein Mensch das noch in den Griff kriegen kann.

Stichwort Endzeit.

Das wird in den nächsten Jahren dazu führen, dass wir ständig Regierungswechsel sehen werden.

Weil die jeweils neu gewählte es eben auch nicht besser macht als die vorherige.

Und in diesem Kielwasser werden gleichzeitig die extremistischen Parteien immer stärker.

Zweitens vergisst man, dass es nie Gottes Ziel oder Wille war, sein Reich auf dieser Welt aufzubauen.

Es war es nicht, als Jesus nicht die Römer aus dem Land jagte.

Es war es nicht, als Gott nicht die Sklaverei abschaffte.

Und es ist es auch heute nicht, schon gar nicht mithilfe weltlicher Gesetze.

Und ganz gewiss nicht von einer Gruppierung, die glasklar von Nazis dominiert wird.

15.01 Lothar Gassmann

Dr. Lothar Gassmann, ebenfalls ACCH-Mitarbeiter, rief schon 2016 zur Wahl der AfD auf.

Das tat er mit insgesamt sieben Thesen.

Eine davon fiel mir besonders ins Auge, also schrieb ich ihn an.

Und fragte ihn abschließend, ob er in Zukunft nochmal zur Wahl der AfD aufrufen würde.

Seine Antwort:

"Aufrufen nicht unbedingt, aber wählen …"

Mit den vielsagenden drei Pünktchen am Ende.

Mittlerweile ruft er jedoch erneut zur Wahl der AfD auf.[162]

Und zwar mit denselben Thesen wie damals.

Lediglich ergänzt um einen Verweis auf Corona.

Nachzulesen auf der Internetseite der *Christen in der AfD*.

Sechs der sieben Punkte will ich gar nicht weiter kommentieren.

Mir geht es in erster Linie um den siebten.

Der lautet wie folgt:

"Ein Christ, der das Verhalten der etablierten Parteien beobachtet, wird bemerken, dass sich diese zudem durch Befürwortung der Aufrichtung des neuen römischen Reiches (EU) sowie durch Planung der schrittweisen Abschaffung des Bargeldes und etlicher grundgesetzlich zugesicherter Freiheiten im Rahmen der Corona-Krise mit schnellen Schritten dem Reich des Antichristen annähern."

Laut Gassmann beschleunigen die etablierten Parteien also das Kommen des Antichristen.

Und offenbar kann nur die AfD das verzögern.

Oder vielleicht ganz verhindern?

Was sagt denn die Bibel dazu?

Zunächst einmal sagt sie, soweit ich informiert bin, dass der Antichrist kommt.

Und zwar auf jeden Fall.

Und vor der Wiederkunft des Herrn Jesus Christus.

---

[162] Christen in der AfD: (Wen) sollte ein Christ wählen?
https://www.chrafd.de/index.php/227-wen-sollte-ein-christ-waehlen

Weiterhin sagt sie meines Wissens kein Wort darüber, dass wir Menschen den Zeitpunkt beeinflussen sollen.

Das tut sie allenfalls indirekt, indem wir aufgerufen sind, alle Menschen zu Jüngern zu machen.

Dann gibt es meines Wissens noch eine einzige Bibelstelle, und zwar im zweiten Petrusbrief, wo die Gläubigen aufgefordert werden, die Ankunft des Tages Gottes zu *beschleunigen*.

Oder ihr *entgegenzueilen*.

Also kein Wort von wegen verzögern oder verhindern.

Im Gegenteil:

Würde man die Frage, ob die Entrückung der Gemeinde vor dem Kommen des Antichristen geschieht oder nicht, mal hypothetisch negativ beantworten, dann wäre Gassmanns Aufruf auch noch der nackte Egoismus.

Denn ein Verzögern des Antichristen würde ja bedeuten, dass man seine Kinder oder Kindeskinder dem aussetzt.

Aber wie gesagt, das ist nur hypothetisch, weil ich ziemlich sicher bin, dass die Entrückung vorher erfolgt.

Allerdings ist Gassmanns Begründung schlichtweg hanebüchen.

Und wenn das von einem Doktor der Theologie kommt, dann muss man sich schon die Frage stellen, was von seinen sonstigen theologischen Aussagen zu halten ist.

15.02 Joachim Kuhs

Damit zum nächsten frommen, prominenten AfDler.

Joachim Kuhs sitzt für die AfD im Europaparlament.

Da tat er sich in den letzten Jahren besonders hervor, indem er gegen die Corona-Impfung zu Felde zog.

- *Es gab eine verheerende Zahl von Impftoten.*[163]
- *Es sind mehr Menschen an der Corona-Impfung gestorben als an allen anderen Impfungen in den vergangenen 20 Jahren.*[164]
- *Es gab eine dramatisch erhöhte Kindersterblichkeit aufgrund der Impfung.*[165] [166]
- *In Florida starben viele junge Männer an der Impfung.*[167] [168]

Alle diese Behauptungen haben, wie man sieht, eins gemeinsam.

Nämlich, dass nichts dran ist.

Und jetzt denken wir mal weiter darüber nach.

Joachim Kuhs ist dem Vernehmen nach konservativer Christ.

Er hat Familie, zehn Kinder und mehr als zehn Enkel.

Er ist Laienprediger in seiner Heimatgemeinde.

Er ist vermutlich in seinem Wohnort ein geachteter, respektierter Mann.

Und jetzt wettert er öffentlich vehement gegen die Impfung und fordert die Regierung auf, diese zurückzuziehen.

Nun wohnen in seinem Heimatort alte Menschen.

Gefährdete Menschen.

Die gemäß wissenschaftlichem Konsens einen großen Teil ihres Risikos durch die Impfung eliminieren könnten.

---

[163] Tagesschau: Joachim Kuhs zur Impfung
https://www.tagesschau.de/faktenfinder/afd-angst-impfungen-101.html
[164] DPA: Joachim Kuhs zur Impfung
https://dpa-factchecking.com/germany/211005-99-489979/
[165] VK: Kindersterblichkeit nach Corona-Impfung
https://vk.com/wall661356137_4437
[166] Correctiv: Faktencheck erhöhte Kindersterblichkeit nach Impfung
https://correctiv.org/faktencheck/2021/05/07/meldung-ueber-tote-kinder-nach-covid-19-impfung-fuehrt-in-die-irre/
[167] Europaparlament: Joachim Kuhs zur Impfung
https://www.europarl.europa.eu/doceo/document/E-9-2022-003380_DE.html
[168] Kleine Zeitung: Tote in Florida aufgrund der Impfung
https://www.kleinezeitung.at/lebensart/gesundheit/6201337/Faktencheck_Mehr-Todesfaelle-durch-Herzprobleme-nach-CovidImpfung

Jetzt aber hören sie, wie der hoch geachtete Joachim Kuhs vehement vor der Impfung warnt.

Vielleicht tut er das auch auf der Kanzel seiner Heimatgemeinde.

Und wenn einer mit der Bibel in der Hand medizinische Weisheiten von sich gibt, hat das ja nochmal mehr Gewicht.

Der muss ja wissen, wovon er redet.

Außerdem hat er ja auch eine Menge Zahlen zur Hand.

Haben sie ja bei der AfD immer.

Auch wenn sie damit immer sofort auffliegen, wenn man diese prüft.

Wie bei der Aktion mit der Kassenärztlichen Bundesvereinigung.[169]

Das weiß aber die alte und kranke Oma nicht.

Die vertraut *dem Joachim*.

Der muss es ja wissen.

Und der setzt sich mit seiner Partei ja sowieso für Recht und Ordnung ein.

So wie in den guten alten Zeiten.

Und so verweigert die alte und kranke Oma eben die Impfung.

Weil *der Joachim* hat's ja gesagt.

Und infiziert sich.

Und erleidet einen schweren Verlauf.

Und stirbt vielleicht.

Und was bedeutet das dann?

Hat sie der Joachim dann *indirekt* in den Tod geschickt?

Ist diese Anschuldigung zu hart?

Oder ist sie schlicht realistisch?

Dazu zwei Antworten von mir:

Erstens ist ein Mensch, den ich persönlich kannte und mochte, genau auf diese Art gestorben.

Nämlich, weil er von militanten Impfgegnern aus seinem Umfeld beeinflusst worden war.

---

[169] Tagesschau: AfD, Lausen und Kassenärztliche Bundesvereinigung
https://www.tagesschau.de/wissen/gesundheit/afd-sichert-lausen-impfungen-101.html

Zweitens hier nochmal besagter Satz aus dem Wikipedia-Artikel zu dem Thema:

"Jeder, der mit großer Reichweite umstrittene Positionen zur Pandemie vertritt, muss bedenken, dass es dabei um Leben oder Tod geht."

Den Begriff *große Reichweite* kannst Du dabei durch *irgendeine Reichweite* ersetzen.

Denn es genügt *eine einzige* Person, die im Vertrauen auf Dich Dinge tut, die sie im allerschlimmsten Fall töten!

Die Corona-Leugner, insbesondere diejenigen, die das von christlichen Kanzeln herab betrieben haben, scheinen überhaupt nicht darüber nachgedacht zu haben, dass angesichts eines unsichtbaren Virus, das sich teilweise symptomlos verbreitet, prinzipiell alles, was man gegen die Schutzmaßnahmen sagt, dazu geeignet ist, Menschenleben zu gefährden.

Mit anderen Worten, ihr Verhalten war vollkommen unverantwortlich.

Mich wird das bis zum Rest meines Lebens fassungslos machen.

Und jetzt stellt sich die Frage, *warum* jemand wie Joachim Kuhs das tut, was er tut.

Vielleicht, weil er wirklich glaubt, was er da sagt?

Dann sollte er vielleicht etwas genauer überprüfen, was er da verbreitet.

Oder weil er im Fraktionszwang gefangen ist?

Schließlich ist die AfD ja dagegen.

Immer.

Grundsätzlich.

Wo gegen, spielt keine Rolle.

Hauptsache dagegen.

Und in diesem Fall ist man eben gegen den Klimawandel, gegen die Ukraine und eben auch gegen die Impfung.

Denn das sind die Felder, auf denen man heutzutage dagegen sein muss, wenn man ernstgenommen werden will.

Sozusagen.

Wie es diesbezüglich mit Israel aussieht, habe ich noch gar nicht geschaut.

Denn Israel könnte für unsere Widerständler, nicht nur die von der AfD, zur Zerreißprobe werden.

Denn da funktioniert es, glaube ich, nicht mehr so richtig, als Christ einfach dagegen zu sein.

Das fängt schon bei der Berichterstattung der angeblichen Lügenpresse an.

Und hört bei der politischen Staatsräson noch lange nicht auf.

Aber vielleicht lösen sie das Problem ja, indem sie sich auf das wachsweiche Verhalten der Bundesregierung stürzen.

Die sich bei der Frage nach der entsprechenden UN-Resolution enthält, anstatt klar Position zu beziehen.

Dann wären sie ja auch dagegen.

Wie auch immer.

Zurück zu Joachim Kuhs.

Vielleicht ist er gar nicht überzeugt, vielleicht ist es auch gar nicht der Fraktionszwang.

Vielleicht ist es ihm einfach völlig egal, und er will lediglich seine Karriere vorantreiben.

Koste es, was es wolle.

Ich weiß es nicht.

Ich kenne ihn nicht.

Ich will deshalb auch nicht darüber urteilen.

Ich würde nur gern wissen, wie Christen es mit ihrem Gewissen vereinbaren, ständig in wichtigen Fragen, bei denen es um Leben und Tod geht, derartige – im besten Fall ungeprüfte – Behauptungen zu verbreiten.

Und ich würde gern wissen, wie das biblisch zu werten ist.

Stichwort Thessalonicher:

Prüft alles.

Und Beröer:

Und sie prüften alles.

Weiter mit einem ersten Fazit.

16 Das Zwischenfazit

Wir haben nun erarbeitet, dass da ein Virus war, das gefährlich war.

Wir haben gesehen, dass dieses Virus einen verheerenden Blutzoll gefordert hat.

Den hat es gefordert, obwohl man ihm die krassesten Schutzmaßnahmen aller Zeiten entgegengestellt hat.

Ohne die Maßnahmen hätte es zwangsläufig einen noch deutlich höheren Blutzoll gefordert.

Wir haben gesehen, dass diese Schutzmaßnahmen erforderlich waren.

Wir haben gesehen, dass die Schutzmaßnahmen überwiegend sinnvoll waren.

Wir haben gesehen, dass sie rechtskonform waren.

Wenn ich schreibe, *wir haben gesehen*, muss das natürlich nicht heißen, dass Du das genauso siehst.

Vielleicht bist Du noch immer nicht überzeugt.

Vielleicht tust Du Dir dieses Buch nur an, um Fehler in meiner Argumentation zu finden.

In diesem Fall erinnere ich ein weiteres Mal daran, dass das, was ich gerade zusammengefasst habe, außerhalb der Querdenkerblase allgemeiner Konsens und Stand der Wissenschaft ist.

Und auf dieser Basis geht es weiter.

Denn auf dieser Basis ist klar, dass christliche Corona-Leugner, Widerständler, Impfverweigerer sich in erheblichem Maße versündigt haben.

- *Versündigt gegenüber ihren Glaubensgeschwistern, insbesondere wenn sie Leiterfunktionen innehatten.*
- *Versündigt gegenüber ihren Nächsten, ihren Nachbarn.*
- *Und versündigt gegenüber der Obrigkeit.*

Und abgesehen von diesen klaren, nachweisbaren und auf der Hand liegenden Sünden haben sie auch in anderer Hinsicht, bei den sogenannten *weichen Faktoren*, Schuld auf sich geladen.

Nämlich, indem sie sich, je nach Öffentlichkeitswirkung und Reichweite, in mehr oder weniger großem Umfang mitschuldig gemacht haben an der Atmosphäre im Land, an dem Widerstand gegen die Obrigkeit, am Verweigern der lebensrettenden Maßnahmen und am Verweigern der ebenfalls lebensrettenden Impfung.

Bis hin zu ihrer Mitschuld an den indirekten Folgen ihrer Reden und Taten, beispielsweise dem Freitod der österreichischen Ärztin Lisa Kellermayr.

Diese hat sich nämlich dem Vernehmen nach hauptsächlich aufgrund der Bedrängnis und der Bedrohungen durch militante Impfgegner das Leben genommen.[170]

Denn für alle vorgenannten Aspekte gilt:

Woher sonst haben die vielen tumben Idioten da draußen ihre kruden Ansichten und Theorien und ihre falschen Verhaltensweisen, wenn nicht von den Leuten, die sie für kompetent halten und denen sie vertrauen?

Ganz besonders, wenn die ihre vermeintlichen Weisheiten mit der Bibel in der Hand von der Kanzel herab verkündigen.

Das findest Du erneut zu hart?

Wieder eine zu heftige Anschuldigung?

Auch die ist vollkommen realistisch und logisch!

Und jetzt kommen noch zwei Aspekte obendrauf, die wir bisher mehr oder weniger noch gar nicht auf dem Schirm hatten.

Nämlich erstens die Tatsache, dass die tatsächliche Gefährlichkeit des Virus und die Schwere der Pandemie eigentlich überhaupt keine Rolle spielen, wenn es um das bibelkonforme Verhalten von Christen geht.

Denn selbst wenn sich hinterher herausgestellt hätte, dass tatsächlich alles harmlos war:

In einer Phase, wo etwas sein *kann* und deshalb Anordnungen ergehen, hat der Christ sie zu befolgen, es sei denn, sie tangieren glasklar göttliche Gebote im Sinne der clausula petri.

Das heißt im Klartext:

[170] Stern: Suizid Lisa Kellermayr
https://www.stern.de/panorama/verbrechen/lisa-maria-kellermayr--berliner-behoerden-stellen-ermittlungen-ein-33120548.html

Völlig egal, ob sich hinterher etwas völlig anderes herausgestellt hätte – wenn der Staat gesagt hat, lasst für eine Weile das Singen, weil ansonsten ein höheres Risiko besteht, dann ist die Zuwiderhandlung Sünde und Punkt.

So ist es, und so einfach ist es.

Und war es immer.

Zweitens basiert die komplette Argumentation der Leugner darauf, dass man bereit ist, für bestimmte andere Ziele eine gewisse Anzahl Menschen zu opfern.

Und Du darfst Dich jetzt mal fragen, ob das ein adäquates Abwägen für Christen ist.

Stichwort:

Jeder zählt.

Fragen wir uns also jetzt mal, *warum* es so kommen konnte, wie es kam.

17 Die fehlende Intelligenz

Die Intelligenz im Land lässt nach.

Das ist erwiesen.[171] [172]

Es gibt verschiedene Erklärungsansätze dafür.

Der netteste davon besagt, dass wir uns immer mehr spezialisieren und in dem Zug andere Felder vernachlässigen.

Kann sein.

Ich glaube allerdings, dass es erstens mit der verlorengehenden Fähigkeit zur Problemlösung zusammenhängt und zweitens mit der Lebensführung allgemein.

Die abnehmenden Fähigkeiten zur Problemlösung sind vermutlich die Folge des Pamperns unserer Kinder.

Wir wollten sie vor allen Schwierigkeiten bewahren, was eben teilweise nach hinten losgegangen ist.

Die Lebensführung schließlich besteht heutzutage viel aus Isolation und Alleinsein.

Was durch die vielen Möglichkeiten, sich digital zu beschäftigen, gefördert wird.

Wolfgang Bühne zitiert in seinem Buch *Ich pfeif auf deine Frömmigkeit* den Spott der Nichtchristen aus seiner Heimatstadt.

Die sollen nämlich sinngemäß gesagt haben:

- *In die evangelische Kirche fährt man mit dem Fahrrad.*
- *In die Freie Evangelische Gemeinde mit dem Käfer.*
- *In die Evangelisch-Freikirchliche Gemeinde mit dem Opel.*
- *Und zu den (Exklusiven) mit dem Mercedes.*

Dazu ist zu sagen, dass ein Mercedes damals noch etwas richtig Besonderes war, etwas *Exklusives* sozusagen.

Teuer ist er auch heute noch, aber andere Marken wie Audi oder BMW haben gewaltig aufgeholt.

---

[171] Deutschlandfunk Nova: Intelligenz geht zurück
https://www.deutschlandfunknova.de/beitrag/flynn-effekt-iq-nimmt-ab-und-wir-werden-duemmer
[172] Focus: Wir werden immer dümmer
https://www.focus.de/wissen/mensch/werden-wir-immer-duemmer-intelligenzforscher-erklaert-warum-unser-iq-seit-jahren-sinkt_id_10943200.html

Wolfgang Bühne bringt den erwähnten Mercedes in Verbindung mit einer zunehmenden Verweltlichung der genannten Gemeinschaft.

Allerdings gab es für den Mercedes noch einen ganz anderen Grund.

In meiner Jugend war es so, dass nur ganz wenige Kinder aus der konservativen Gemeinde, in der ich aufwuchs, eine Hauptschule besuchten.

Die allermeisten gingen auf höhere Schulen.

Entsprechend hatten sie auch größeren beruflichen Erfolg.

Und deshalb stand der Mercedes vor dem Gemeindehaus.

Heute ist alles anders.

Aber was war damals anders?

Es wurde weniger bis überhaupt nicht ferngesehen.

Es wurde geredet.

Es wurde gelesen.

Es wurden Gesellschaftsspiele gespielt.

Es wurde sich gemeinsam mit der Bibel beschäftigt.

Heute schaut man Dschungelcamp.

Was die Lebensführung ausmacht, sieht man beispielhaft an den Juden.

Denn die gelten als die intelligentesten Menschen der Erde.

Insbesondere sind es die aschkenasischen Juden, die das nochmal toppen.[173]

Und ich glaube, man nähert sich der Erklärung ziemlich schnell, wenn man sich beispielsweise anschaut, dass orthodoxe Juden gehalten waren, die Thora auswendig zu lernen.

Und vielleicht immer noch gehalten sind.

Ich bin sicher, dass die Lebensführung eine ganz entscheidende Rolle bei der Intelligenzentwicklung spielt.

Und demzufolge auch beim Gegenteil.

---

[173] Süddeutsche: Die Aschkenasischen Juden
https://taz.de/Haben-die-aschkenasischen-Juden-ein-Intelligenz-Gen/!409565/

Und die negative Entwicklung in der Gesamtgesellschaft erreicht auch die christliche Gemeinde.

Was ja auch kein Wunder ist.

Schließlich ist die ja Teil der Gesamtgesellschaft.

Also werden – wenn man nicht aufpasst oder wenn es den Verantwortlichen gar nicht bewusst wird – auch die Verhaltensmuster der Gesamtgesellschaft mehr oder weniger stark übernommen.

Somit lässt auch die Intelligenz nach.

Und das ist ein riesiges Problem.

Denn mit dem Nachlassen der *geistigen* Fähigkeiten geht es auch mit den *geistlichen* bergab.

An dieser Stelle muss man glücklicherweise etwas einschränken.

Denn es ist ausdrücklich *nicht* so, dass die Intelligenz des Menschen das wichtigste Instrument ist, die Bibel zu verstehen.

Nein.

Das ist Demut.

Oder wie es in den Sprüchen heißt:

"Die Furcht des Herrn ist der Weisheit Anfang."

(Sprüche 9,10)

Wenn aber jetzt zwei Christen gleichermaßen demütig sind und beide den Herrn fürchten, dann ist der jeweils Intelligentere wohl trotzdem im Vorteil, wenn es darum geht, die Bibel auszulegen.

Und wenn es daran hapert, wird sich eben auch die Erkenntnis nicht mehr so leicht Platz schaffen.

Und wenn diese ausbleibt, dann wird auch die Erneuerung des Herzens gehemmt.

Dann tun auch Christen mehr oder weniger nur noch das, was ihr sogenanntes fleischliches Ich ihnen sagt.

Genau das sehen wir seit langer Zeit in den Gemeinden.

Das geistliche Niveau der *Leute unter der Kanzel* ist pauschal gesehen verheerend.

Und das ist erstens deshalb eine Katastrophe, weil sie ja irgendwann selbst auf die Kanzel sollen.

Und zweitens deshalb, weil sie nicht mehr beurteilen können, was die aktuellen *Leute auf der Kanzel* ihnen erzählen.

Und drittens, weil sie den aktuellen und vor allem den kommenden Krisen ausgesetzt sind wie die Fähnchen im Wind.

Ich habe das wie gesagt mal zu ändern versucht.

Und bin gescheitert.

Deshalb will ich auch hier gar nichts weiter dazu sagen.

Allenfalls möchte ich dazu anregen, dass Gemeinden sich – immer im Rahmen der Freiwilligkeit – überlegen sollten, ob man nicht mehr Zusammenkünfte mit Bibelstudium braucht und ob man nicht öfters auch über die private Lebensgestaltung reden sollte.

Damit zum nächsten Punkt.

Und zwar dem, dass es eben unfassbar dumm war, auf die Falschinformationen der Corona-Leugner hereinzufallen.

Und dass das eben aus den gerade betrachteten Gründen für alle Teile der Gesellschaft gilt, auch für den christlichen.

Neben den in diesem Buch präsentierten Fakten verweise ich dazu nochmals auf den Wikipedia-Artikel zu den Falschinformationen.

Es muss einen doch völlig fassungslos machen, wie leicht und bereitwillig sich Menschen von den Rattenfängern dieser Welt ins Bockshorn jagen lassen.

Und auf diese Dummheit folgt gleich die nächste.

Die hat aber einen anderen Namen.

Nämlich Stolz.

Und diesbezüglich gehe ich konform mit einer Rezensentin meines ersten Buches, die schrieb, ich hätte bei der Suche nach den Gründen für Corona-Leugnung zu sehr den Fokus auf mangelnde Intelligenz und Bildung gelegt statt auf die Sünde.

Denn das sehe ich genauso und sah es auch damals bereits so; dass mein Buch einen anderen Eindruck vermittelt hat, kann nur an missverständlichen Formulierungen meinerseits gelegen haben.

Und eine dieser Sünden ist eben der Stolz.

Zu dem kommen wir jetzt.

18 Der Stolz

Ich glaube, während der Pandemie ist offensichtlich geworden, dass der Stolz ab einer gewissen Phase die Regie übernommen hat.

Nämlich in dem Moment, als einige erkannt haben, dass sie sich hinsichtlich der Harmlosigkeit des Corona-Virus verrannt hatten.

In diesem Moment hätten sie ihren Irrtum eingestehen und sich anders positionieren müssen.

Und das hat so gut wie keiner getan.

Ich persönlich kenne keinen einzigen.

Und unter den Prominenten, die man so hört und liest, war *Frank-Ulrich Montgomery* der Einzige, der frühere Fehleinschätzungen zugab.[174]

Übrigens hat das später auch das ultimative Feindbild der Leugner, Karl Lauterbach, mehrfach getan!

Der menschliche Stolz, der ja auch in der Bibel ein ganz zentrales Thema ist, wird noch befeuert durch die Veränderungen in unserer Gesellschaft.

Zuerst gab es den *Relativismus*.

Der besagt verkürzt ausgedrückt, dass es keine objektiven Wahrheiten mehr gibt.

Folglich darf seither jeder behaupten, dass Wasser eigentlich immer nach oben fließt.

Kritisieren darf man ihn dafür nicht.

Überspitzt ausgedrückt.

Dann kam die Veränderung der Gesellschaft von der *Schuld*- zur *Schamkultur*.[175]

Schuldkultur war, dass man ein Problem entdeckte, es analysierte, den Verursacher erschoss und weitermachte.

Schamkultur ist, dass der Gesichtsverlust das Schlimmste ist, was passieren kann.

---

[174] NZZ: Montgomery zu Corona
https://www.nzz.ch/feuilleton/frank-ulrich-montgomery-ich-bin-ueberhaupt-kein-streitsuechtiger-mensch-ld.1663599
[175] Wikipedia: Schuld- und Schamkultur
https://de.wikipedia.org/wiki/Scham-_und_Schuldkultur

Es darf also niemand offen kritisiert werden, weil er sonst sein Gesicht verliert.

Jeweils wiederum stark verkürzt dargestellt.

Wir in der westlichen Welt haben besagten Übergang übrigens nie vollständig vollzogen.

Es ist immer noch ein bisschen Schuldkultur da.

Und manchmal kollidieren beide Vorgehensweisen halt.

Wie damals bei den Juden, die auch nach ihrer Bekehrung die Gesetze nicht ohne weiteres lassen konnten.

Dann kamen obendrauf Trends wie Cancel Culture oder Wokeismus.

Die haben zwar nicht direkt mit dem Thema zu tun.

Aber all diese Entwicklungen führen dazu, dass es in beinahe sämtlichen Lebenslagen nur noch darauf ankommt, *wie* man etwas sagt – und nicht, *was* man sagt.

Seitdem ist das Thema Ermahnung vollständig perdu.

Interessanterweise auch im Christentum.

Obwohl da der Ermahnung große Bedeutung verliehen wird.

Und obwohl eins der Kernelemente des christlichen Glaubens Bekenntnis und Vergebung ist.

Aber das interessiert alles heute beinahe niemanden mehr.

Im Gegenteil:

Wo ist der moderne Christ heute am ehesten bibelfest?

Richtig:

Da, wo es darum geht, sich gegen Kritik zu wehren.

Deshalb kannst Du viele heutzutage nachts um drei wecken, und sofort können sie Verse wie den vom Splitter und Balken auswendig zitieren.

Sozusagen.

Und all das war dann auch einer der ausschlaggebenden Punkte während und zu der Pandemie.

Denn man konnte ja oftmals leicht erkennen, dass den Protagonisten durchaus bewusst war, dass sie auf dem falschen Dampfer sind.

Aber das konnten sie halt nicht eingestehen.

Deshalb verweigerten sie sich jeder sachlichen Diskussion.

Oder beharrten auf ihren Pseudoargumenten selbst dann noch, als man sie krachend und ohne jeden Zweifel widerlegt hatte.

Und deshalb sind Menschen gestorben.

Unfassbar.

Unfassbar kurzsichtig.

Denn wenn sie auch den meisten Menschen etwas vormachen können – Gott sieht in die Herzen.

Und wie wird das denn weitergehen?

Trägt man sein Fehlverhalten bis in die Ewigkeit hinein?

Glaubt irgendjemand, das könnte funktionieren?

Glaubt irgendjemand, er könne sein Gewissen bis zum Ende wegschieben?

Meiner Erfahrung nach kann man das nicht.

Irgendwann tauchen die Sünden und Vergehungen aus der Versenkung auf.

So wie die mit Schlick und Pflanzen überwucherte, stinkende Aseler Brücke im hessischen Edersee, wenn der Wasserpegel absinkt.[176]

Und dann gibt es kein Zurück mehr.

Wenn das Gewissen einmal richtig pocht, bekommst Du es nicht mehr unter Wasser.

Oder will man bis zum sogenannten großen weißen Thron warten?

Wäre es da nicht viel besser, besagtes Kernelement des Glaubens anzuwenden?

Genau das, was auch Christian Rosenberg während der ACCH-Konferenz – natürlich unter völlig falschen Voraussetzungen – ebenfalls anspricht?

Würde das nicht letztlich zu viel größerem Respekt der Glaubensgeschwister führen als das stolze Beharren auf dem totalen Irrweg?

---

[176] HNA: Die Aseler Brücke
https://www.hna.de/lokales/frankenberg/edersee-atlantis-aseler-bruecke-2021-wieder-aufgetaucht-stadt-91074405.html

Genau das habe ich Wolfgang Nestvogel vor nunmehr fast drei Jahren gefragt.

Ohne Resonanz.

Traurig ist das.

Die Dummheit in Bezug auf den Stolz, das noch als Abschlussbemerkung, liegt übrigens außerdem auch darin, dass es jeder mitbekommt.

Das Internet beispielsweise ist diesbezüglich gnadenlos und vergisst nichts.

Wie man an diesem Buch sieht.

Kommen wir zum nächsten Sargnagel eines bibelkonformen Pandemieverhaltens.

Der Werkgerechtigkeit.

19 Die Werkgerechtigkeit

Hierzu bin ich mehr oder weniger zufällig gekommen.

Nämlich, indem ich feststellte, dass sich einige Menschen, die ich teilweise persönlich kenne und die Anhänger der Irrlehre der Werkgerechtigkeit sind, auch als aggressive Corona-Leugner geriert haben.

Also habe ich darüber nachgedacht, ob hier ein Zusammenhang bestehen könnte.

Und den gibt es tatsächlich.

Menschen, die an Werkgerechtigkeit glauben, sind ja nicht davon überzeugt, dass allein der Glaube ihnen das Seelenheil verschafft.

Deshalb lassen sie es nicht dabei bewenden, sondern versuchen, sich das ewige Leben zu verdienen.

Mit den sogenannten guten Werken.

Da dies aber ein Irrweg ist, werden sie nicht ruhiger, auch wenn sie viele gute Werke tun und richtig gute Christen sind.

Also tun sie noch mehr gute Werke und werden noch bessere Christen.

Werden aber immer noch nicht ruhiger.

Dann bleibt nur noch, sich mit den anderen zu vergleichen.

Sich von ihnen abzugrenzen.

Mehr gute Werke zu tun als die.

Bessere Christen zu sein als die.

Damit man, wenn's drauf ankommt, mehr vorzuweisen hat als die.

Und sich so einen der begrenzten Plätze im Himmel sichert.

Den berühmten letzten leeren Stuhl bei der Reise nach Jerusalem.

Beziehungsweise ins himmlische Jerusalem.

Sozusagen.

Die Zeugen Jehovas mit ihren 144.000 kennen das.

Und wie grenzt man sich außerdem noch von den anderen ab? Richtig:

Indem man zu einer Minderheit gehört, die besser und klüger ist als die Schlafschafe des Mainstream.

Das scheint ja generell ein unglaublich attraktives Szenario zu sein.

Übrigens nicht nur für die bedauernswerten Christen, denen man diese fürchterliche Irrlehre *ein*doktriniert hat.

Auch ganz simpel für viele, denen es an einem gesunden Selbstbewusstsein mangelt.

Einem Selbstbewusstsein, das sich dadurch auszeichnet, dass man sich seiner selbst eben bewusst ist.

Seiner Stärken.

Und seiner Schwächen.

Wenn das fehlt, wird sie attraktiv, die elitäre Minderheit, die es besser weiß und deshalb besser und schlauer ist als die Mehrheit.

Und da hast Du – wiederum auf die Christen bezogen – den Zusammenhang.

Das glaubst Du nicht?

Dann sei froh!

Ich dagegen weiß, wie das ist mit der Werkgerechtigkeit.

Ich kämpfe seit Jahrzehnten dagegen an.

Und nicht nur ich.

Damit zu einem weiteren traurigen Thema.

Dem mangelnden Mitgefühl.

20 Die fehlende Empathie

Wenn man etwas intensiver darüber nachdenkt, wo all die Aussagen, Initiativen und Handlungsweisen der Corona-Leugner, auch der christlichen, letztlich hinführen, dann läuft das alles auf eins hinaus.

Nämlich darauf, dass man bereit ist, Menschenleben für irgendein eigentlich untergeordnetes Ziel zu opfern.

Dass am wenigsten verwerfliche dabei war noch die Forderung, die Schulen und Kitas offenzuhalten, um seelische Schäden bei den Kindern zu verhindern.

Wobei auch das ja für die meisten nur ein Strohmann für ihren Widerstand war.

Das perverseste indes war die primitive Fokussierung auf die persönliche Freiheit und der damit verbundene Unwille, für eine kurze Zeit auf bestimmte Dinge zu verzichten.

Ein Beispiel dazu:

Während des ersten Lockdowns wurde dazu aufgerufen, das Motorradfahren sein zu lassen, um nicht die Intensivstationen potenziell weiter zu belasten.

Denn das Risiko, im Krankenhaus zu landen, ist beim Motorradfahren weitaus höher als beim Autofahren.

Also habe ich mein Mopped stehenlassen.

Ein anderer – nicht gläubiger – Motorradfahrer, den ich später traf, teilte mir mit, er habe das damals auch gehört, sei aber weiter Motorrad gefahren.

Er schien regelrecht stolz darauf zu sein, sich dem Willen der Obrigkeit widersetzt und sein eigenes Ding getan zu haben.

Und ich habe mich in dem Moment gefragt, was in so einem Kopf vorgeht.

Noch schlimmer war das hier behandelte Verhalten einiger Christen.

Schlimmer deshalb, weil an Christen völlig zu Recht höhere Anforderungen gestellt werden als an die säkulare Gesellschaft, was ihren Umgang mit dem Nächsten und der Obrigkeit betrifft.

Und gegen temporäre Singverbote oder Kirchenschließungen zu opponieren war schlichtweg allerunterste Schublade.

Und dabei wurde eben auch deutlich, dass manchen das Leben anderer Menschen vollkommen egal ist.

Man hat es ja an der Vehemenz gesehen, mit der Wolfgang Nestvogel darauf bestand, dass das Recht auf Gesundheit nur bedingt sei, jenes auf ungestörte Religionsausübung dagegen nicht.

Übrigens haben viele die Brisanz dieser Aussagen noch gar nicht in Gänze registriert.

Denn während die allermeisten anderen Äußerungen der *Prediger gegen Corona* nur auf den zweiten Blick die damit verbundene Menschenverachtung offenbaren, lässt Nestvogel hier in des Wortes manuellster Bedeutung die Maske fallen und macht gar keinen Hehl mehr aus seiner Einstellung.

Dazu passte auch, wie er jeweils betonte, in seinen Gottesdiensten säßen nur Freiwillige.

Und dabei komplett unter den Tisch fallen ließ, dass diese nach dem Gottesdienst auch andere Leute treffen, denen sie potenziell das Virus weitergeben konnten, dass sie sich im Gemeindehaus eingefangen haben.

Ist das menschenverachtend oder nicht?

Aber es kommt noch schlimmer.

Einer der Christen unter den Corona-Verharmlosern forderte allen Ernstes ein Ende der Schutzmaßnahmen, indem er sich auf die Bibel berief.

Und sagte:

"Wer mit über achtzig stirbt, kann sich im Hinblick auf Psalm 90,10 nicht beschweren. Vor allem, wenn er weiß, wo er hingeht!"

In Psalm 90,10 steht Folgendes:

"Unser Leben währt siebzig Jahre, und wenn es hoch kommt, so sind's achtzig Jahre; …"

Diese Aussage von einem Christen war der pure Zynismus.

Die reine Menschenverachtung.

Die Psalm-Stelle ist erstens nicht als göttliches Dekret zu verstehen.

Im Gegensatz beispielsweise zu *1. Mose 6*, wo Gott das Leben der Menschen auf *120 Jahre* begrenzte.

Zweitens ist es durchaus richtig, dass man sich *bei Gott* nicht beschweren darf, wenn man abberufen wird.

Aber *beim Nachbarn* darf man sich ganz bestimmt beschweren, wenn man im Winter vor der Haustür ausrutscht und erfriert und dieser tatenlos zusieht.

Aber offensichtlich ist diese empathielose Haltung kennzeichnend für gar nicht wenige Christen.

Speziell solche aus konservativen Gemeinden.

Da stellt sich also die Frage, *warum* das so ist.

Ich vermute, dass auch hier die Werkgerechtigkeit eine Rolle spielt.

Nach dem Motto:

Ich habe mir mein gutes Leben und das Seelenheil durch meinen guten Lebenswandel verdient.

Das könnten die anderen ja auch haben.

Müssten nur wollen.

Sind also selber schuld.

Zu abenteuerliche Begründung für Dich?

Dann gib Du mir eine bessere für die gnadenlose Herzenskälte – die man übrigens auch in Bezug auf den Ukraine-Krieg und, wie wir beispielsweise bei John MacArthur gesehen haben, den aktuellen Konflikt im Gaza-Streifen erkennen kann.

Irgendwie spielt das Leben der anderen keine besondere Rolle.

Insbesondere wenn sie weit genug weg sind.

Oder so abstrakt wie die Corona-Opfer.

Die meisten kennen ja keins.

Und was sagt eigentlich die Bibel *wirklich* zu diesem Thema?

Wie wär's mit dem Gleichnis vom *Barmherzigen Samariter*?

Reicht allein *das* nicht aus, uns klarzumachen, wozu wir angehalten sind?

Und was bedeutet es für unser Christsein, wenn unser Herz so kalt und hart ist?

Sollte nicht gerade die Herzenshaltung das wichtigste Zeichen für unseren Status als errettete Christen sein?

Und heißt das womöglich, dass diejenigen, die stattdessen einen Eisblock in der Brust haben, sich ebenfalls mal ein paar intensivere Gedanken darüber machen sollten, ob sie tatsächlich bekehrt und errettet sind?

Ich würde das sehr, sehr ernstnehmen und nicht einfach vom Tisch wischen!

Damit zum nächsten Kapitel.

21 Die Überheblichkeit

Mir wurde während der vergangenen Jahre einiges vorgeworfen.

Unter anderem *Überheblichkeit gegenüber Andersdenkenden.*

Aber wo in dieser Auseinandersetzung liegt denn tatsächlich die Überheblichkeit?

Spontan fällt uns da ein, dass die Leugner und Verharmloser sich auf sogenannte Experten berufen, deren Zahl im Vergleich zu denen, die den sogenannten wissenschaftlichen Konsens bilden, verschwindend gering ist.

Es fällt uns weiterhin ein, dass sie in ihren daraus resultierenden Einschätzungen gegen die Einschätzungen von 200 Ländern dieser Welt stehen.

200 Regierungen dieser Erde nebst ihren dazugehörigen Beratern.

Und eine kleine, verschwindende Minderheit weiß das einfach alles besser.

Und handelt auch noch entsprechend.

Und das bei Fragen, die sich um Leben oder Tod drehen.

Und dann nennt man *andere* überheblich?

Die Arroganz der Leugner kann man auch anhand eines anderen Themas richtig gut auf den Punkt bringen.

Nämlich bei der Impfpflicht.

Dass die nicht kam, wurde von den Leugnern natürlich ausgiebig gefeiert.

Und es wurde selbstredend so hingestellt, als sei dies das einzig Richtige und sei die Impfpflicht die dümmste Idee überhaupt gewesen.

Aber offenbar fragt sich niemand, *warum* denn eigentlich jemand auf diese scheinbar schräge Idee gekommen ist.

Erstens sind es vermutlich zu viele Leute, als dass sie alle von den Pharmaherstellern bestochen sein konnten.

Denn die Impfpflicht wurde ja in einigen Ländern diskutiert.

Und es *gab* sie sogar in mehreren Ländern – zum Teil nur für bestimmte Berufsgruppen, zum Teil generell.

Zweitens mussten diese Leute doch wissen, dass sie sich extrem unbeliebt machen würden, wenn sie die Pflicht durchsetzten.

Warum also haben sie es trotzdem versucht – und teilweise getan?

Womöglich deshalb, weil sie davon *überzeugt* waren, dass eine hohe Impfquote eben die Opferzahlen reduzieren würde?

Und dabei möglicherweise wussten, wovon sie reden?

Denn dass die Impfquote ein wichtiger Bestandteil ist, wenn es um schwere bis tödliche Verläufe geht, ist ja nun wirklich unbestritten.

Nun ist es so gekommen, dass die generelle Impfpflicht in Deutschland letztlich nicht durchgesetzt wurde.

Das lag aber ausdrücklich am Widerstand aus der Bevölkerung.

Und nicht daran, dass es hinsichtlich Virusbekämpfung der eindeutig bessere Weg war.

Wie kann man sich also jetzt einfach so hinstellen und so tun, als sei das alles Unsinn gewesen?

Kommen wir jetzt zu einer weiteren möglichen Erklärung für dieses Verhalten.

22 Die Verblendung

Zur Verblendung kann ich nur wenig schreiben.

Dass es sie offensichtlich gibt, davon bin ich mittlerweile fest überzeugt.

Was das jedoch hinsichtlich der – wenn ich es mal so formulieren darf – *Schuldfähigkeit* des jeweils Betreffenden bedeutet, weiß ich nicht.

Ich weiß allerdings auch nicht, ob das überhaupt relevant ist.

Denn soweit ich die Bibel verstehe, sollte Fehlverhalten in Liebe und Barmherzigkeit angesprochen werden; idealerweise unter vier Augen.

Wenn das nichts nützt, mit mehreren Zeugen.

Und wenn das nichts nützt, vor der ganzen jeweiligen Gemeinde.

Und dann, wenn auch das nicht fruchtet, Ausschluss.

Zumindest würde ich persönlich die diesbezügliche Passage, in der es um den Bruder geht, der an Dir gesündigt hat, auch für unser Thema heranziehen.

Wenn es also so weit kommt, wird es vermutlich keine Rolle mehr spielen, ob der Betreffende wirklich teuflische Tomaten auf den Augen hat oder nur aufgrund seines Stolzes verstockt ist.

Nehme ich jedenfalls an.

Gehen wir also zu einem weiteren Kapitel.

23 Schuster, bleib bei deinen Leisten

So lautet ein bekanntes Sprichwort.

Kaum weniger bekannt ist die Formulierung derselben Warnung von Dieter Nuhr beziehungsweise Alfred Tetzlaff:

"Wenn man keine Ahnung hat, sollte man einfach mal die Schnauze halten."[177]

Mir ist tatsächlich erst während der Pandemie so richtig aufgegangen, wie treffend diese Aussagen sind.

Nämlich, weil zu allen Fachgebieten plötzlich alle möglichen Leute etwas zu sagen hatten.

Zwei Aspekte sind mir dabei besonders aufgefallen.

Erstens, dass die prominenten Leugner der ersten Stunde sich im Verlauf der Pandemie allesamt zu Allround-Experten weiterentwickelt haben.

Der brillante Virologe war plötzlich sowohl Jurist als auch Soziologe und am Ende auch noch Spezialist für die Impfung.

Es waren immer dieselben, die Leugnung und Widerstand angestachelt haben.

Schon interessant, dass das denen, die ihnen auf den Leim gingen, augenscheinlich nicht aufgefallen ist.

Zweitens, dass gerade Theologen sich oftmals berufen fühlten, sich zu allen möglichen Themen, die nicht ihr eigentliches Fachgebiet betreffen, zu äußern.

Und dabei eine teilweise erschreckende Unkenntnis an den Tag legten.

Das zeigte sich zum einen bei ihren juristischen Beurteilungen, bei denen einem teilweise die Haare zu Berge standen.

Das zeigte sich außerdem in eklatanter Weise in der absoluten Ahnungslosigkeit dahingehend, was wirtschaftliche Zusammenhänge anbelangt.

Nun arbeite ich ja seit ein paar Jahrzehnten in diesem Bereich.

Sollte mich also ein wenig auskennen.

---

[177] Berühmte Zitate: Wenn man keine Ahnung hat
https://beruhmte-zitate.de/zitate/2085078-alfred-tetzlaff-wenn-man-keine-ahnung-hat-einfach-mal-fresse-halt/

Hoffentlich.

Und dachte eigentlich, dass wenigstens die Basiselemente des Wirtschaftens den Menschen geläufig sind.

Tatsächlich bin ich aber mittlerweile immer wieder überrascht, wie wenig diese Leute oftmals tatsächlich von Ökonomie verstehen.

Und diese Ahnungslosigkeit kann nicht nur fatal sein, indem man von der Kanzel herab seinen Schäfchen Unsinn erzählt und diese zu falschen Verhaltensweisen verleitet.

Sie kann auch direkt zur Sünde der Verleumdung führen.

Beispielsweise, wenn es um den berühmten *Great Reset* geht.

Zu diesem Buch und einem seiner Autoren, Klaus Schwab, gibt es ja diverse Verschwörungstheorien.

Interessant daran ist zunächst einmal, dass sich die beiden wichtigsten diametral entgegenstehen.

Denn während man in Europa davon ausgeht, Schwab wolle den *Neoliberalismus*, also so etwas wie den sogenannten *Raubtier-Kapitalismus*, fortführen, lautet die Verschwörungstheorie in Nordamerika, es ginge ihm um die Wiedereinführung des *Sozialismus*.

Und beides aus ein und demselben Buch.

Allein daran sieht man schon, was die Verschwörungsschwurbler im Kopf haben.

Noch besser ist aber die Tatsache, auf die man stößt, wenn man das Buch tatsächlich *liest*.

Was ich getan habe.

(Übrigens geht das kostenlos bei Amazon Kindle Unlimited.)

Dann stellt man nämlich erstens fest, dass beide Verschwörungstheorien Unsinn sind.

Und zweitens, dass es beinahe komplett nur in der *passiven* Form, also aus der Beobachter-Rolle heraus, geschrieben ist.

Außerdem, dass dort eine regelrechte Utopie der Gerechtigkeit entfaltet wird.

Beispielsweise eine stärkere Beteiligung von Arbeitnehmern an Unternehmensgewinnen.

Kurz gesagt ist das Buch ein Plädoyer für eine echte Soziale Markt-wirtschaft.

Also dem Wirtschaftssystem der Bibel.

Das heißt:

Arbeiten.

Geld verdienen.

Geld vermehren.

Den Schwachen helfen.

Kurz gesagt.

Ich gehe jede Wette ein, dass Klaus Schwab *nicht* von der Kanzel heruntergeholt würde, läse er in einer christlichen Gemeinde aus seinem Buch vor.

Das alles juckt unsere Theologen jedoch nicht.

Sie reihen sich ein in die Phalanx derer, die sich bemüßigt fühlten, etwas besonders Schlaues zu dem Buch zu sagen.

Wolfgang Nestvogel hält einen ganzen Vortrag darüber.

Der trägt den Titel *Weltherrschaft als neue Weltordnung - The Great Reset?*[178]

Darin wird Klaus Schwab in unglaublicher Weise verunglimpft und verleumdet.

In meinem Buch *Fachkräftemangel im Christentum* habe ich das ausführlich besprochen.

Wen es interessiert:

Das Buch gibt es noch in Restmengen bei Amazon.

Lothar Gassmann macht es nicht anders.

Er hat einen Vortrag zum *Great Reset* gehalten, bei dem man nur noch fassungslos den Kopf schütteln kann.[179]

Darin wirft er Klaus Schwab oder dessen Gesinnungsgenossen unverhohlen vor, aktiv Bevölkerungsreduktion zu betreiben.

Was nichts anderes wäre als Massenmord.

---

[178] YouTube: Nestvogel, Weltherrschaft als neue Weltordnung - The Great Reset?
https://youtu.be/vFcF-cBWttM
[179] Lothar Gassmann: Great Reset
https://l-gassmann.de/?mailpoet_router&endpoint=view_in_browser&ac-tion=view&data=WzI4OSwiYzQ0NWM5Zjg5NTBhIiwwLDAsMjY4LDFd

Interessant daran ist neben der nicht gerade überraschenden Unterstellung, dass auch die Corona-Impfung eins der Mittel zur Bevölkerungsreduktion sei, noch etwas anderes.

Nämlich, dass Krankheit und Tod laut Gassmann auch durch *undurchsichtiges Auftauchen ständig neuer Virenmutationen und Bakterienstämme* herbeigeführt werden.

Das ist deshalb interessant, weil derselbe Lothar Gassmann ja gleichzeitig die These vertritt, Corona sei so harmlos, dass keine Schutzmaßnahmen erforderlich seien.

Tja, was soll man dazu sagen?

Es ist eben das Problem der Schwurbler, dass das Geschwurbel an irgendeinem Punkt nicht mehr zusammenpasst.

Und dann stürzt das Kartenhaus ein.

Dann gibt es noch einen weiteren Frommen, der meinte, sich zum Great Reset äußern zu müssen.

Dessen Klarnamen behalte ich für mich.

Er tut nichts zur Sache, und ich habe ihn bisher für sein Lebenswerk sehr bewundert und auch sonst nur Gutes gehört.

Allerdings ist seine Corona-Haltung wohl auch befremdend.

Der *dritte Mann* jedenfalls ging noch einen Schritt weiter als seine Vorredner und legte Klaus Schwab Aussagen in den Mund, die der gar nicht getätigt hatte.

Sondern eine dänische Politikerin.

Die sich obendrein auch noch klar davon distanziert hat, wie man ihre Aussagen verstanden hatte.[180]

Ich wies den *dritten Mann* darauf hin.

Er antwortete mir und meinte, womöglich recherchiere er manchmal etwas zu oberflächlich.

Ja, das ist wohl so, *dritter Mann*.

Damit wäre es ja eigentlich gut gewesen.

Falschaussage.

Kritik.

---

[180] Corrective: Klaus Schwab, dänische Politikerin
https://correctiv.org/faktencheck/2023/06/26/nein-klaus-schwab-sagte-nicht-dass-wir-bald-nichts-besitzen-und-darueber-gluecklich-sein-wuerden/

Eingeständnis.

Thema erledigt.

Aber nein.

Nach seinem vermeintlichen Bekenntnis wiederholte und verteidigte der *dritte Mann* seine Vorwürfe gegen Schwab.

Wieder mal der Stolz im Weg?

Vermutlich.

Übrigens glaube ich, dass alle drei Protagonisten eins gemeinsam hatten.

Nämlich, dass sie besagtes Buch nie selbst *gelesen* haben.

Eigentlich hoffe ich das sogar.

Denn irgendwie finde ich es nicht ganz so schlimm, wenn man Falschaussagen nur ungeprüft weitergibt.

Anstatt sie gewissermaßen selbst zu erfinden.

In jedem Fall wäre mancher Theologe oder geistliche Leiter in den letzten Jahren besser beraten gewesen, sich auf seine Kernkompetenz zu konzentrieren.

Denn da hätte er mehr als genug zu tun.

Denn wie wenig sattelfest so mancher darin ist, haben wir ja nun eindrucksvoll vor Augen geführt bekommen.

Übrigens weist Wolfgang Nestvogel in seinem Vortrag während der ACCH-Konferenz den Vorschlag, sich auf die eigentlichen Kompetenzen zu besinnen, strikt zurück.

Er kritisiert nämlich einen Glaubensbruder, der Folgendes gesagt habe:

"Ich halte es für wenig sinnvoll, über medizinische Hintergründe von Corona und Corona-Maßnahmen zu sprechen. Da wir in der Öffentlichkeit vor allem als Theologen auftreten und auch dort unsere Kernkompetenz haben, sollten wir uns auf diesen Bereich konzentrieren."

Ich würde sagen, angesichts dessen, was von christlichen Kanzeln herab in den vergangenen Jahren abgesondert wurde, muss man dem Mann in vollem Umfang recht geben.

24 Das Fazit

Endlich am Ende.

Lieber Leser, mein eigenes Fazit fällt folgendermaßen aus:

- *Ich bin entsetzt, wie leichtfertig die Leugner die Corona-Pandemie kleinreden konnten.*

  Eine Pandemie, die im zwanzigsten und einundzwanzigsten Jahrhundert in ihrem Ausmaß nur von der Spanischen Grippe und von Aids übertroffen wird.

- *Ich bin entsetzt, wie bereitwillig und arglos sie dabei die Lügen und Desinformationen der Demagogen übernommen und weiterverbreitet haben.*

- *Ich bin entsetzt, wie sie dabei von dieser verschwindenden Minderheit angeblicher Experten Handlungsanweisungen, die über Leben und Tod entscheiden konnten, abgeleitet haben.*

- *Ich bin entsetzt, wie stur und kompromisslos sich Christen und geistliche Leiter gegen die staatlich verordneten Schutzmaßnahmen gestellt und dabei das Leben und die Gesundheit ihrer Mitmenschen riskiert und gering geschätzt haben.*

- *Ich bin entsetzt, wie leichtfertig sie untergeordnete Ziele gegen Menschenleben einzutauschen bereit waren.*

  Und wie leichtfertig sie diese beiden Aspekte anhand von Wahrscheinlichkeiten gegeneinander aufgerechnet haben.

- *Ich bin entsetzt, wie leichtfertig sie Informationen, die im besten Fall strittig, letztlich aber längst als Fake entlarvt waren, öffentlich verbreitet waren, die geeignet waren, ihre Adressaten von lebensrettenden Maßnahmen abzuhalten.*

  Siehe die Aussagen der Herren Dahm und Kuhs zur Unfruchtbarkeit durch die Impfung oder zur Impfung generell.

- *Ich bin entsetzt, wie vollkommen unzugänglich sie in ihrem Stolz für jegliche Form der Korrektur oder Ermahnung waren.*

- *Ich bin entsetzt, wie viele Christen sich unbedarft und unkritisch von diesem Sog haben mitreißen lassen.*

- *Und vor allem bin ich über das entsetzt, was auch in diesem Buch die zentrale Rolle spielt.*

Nämlich die Bereitschaft, in dem Bestreben, ihr Narrativ unter allen Umständen aufrechtzuerhalten und zu verteidigen, sämtliche Lügen der Demagogen zu wiederholen.

Und ungeniert und von christlichen Kanzeln herab oder in öffentlichen Vorträgen klare eigene Lügen hinzuzufügen.

Während sie gleichzeitig auch noch betonten, alles akribisch zu prüfen und der Wahrheit verpflichtet zu sein.

- *Und abschließend bin ich auch darüber entsetzt, dass sie sich jetzt auch noch hinstellen und allen Ernstes von denen, die sich während der Corona-Pandemie vernünftig und bibelkonform verhalten haben, Buße und Entschuldigung fordern.*

Solche Abgründe wie die hier beschriebenen hätte ich niemals für möglich gehalten.

Schon gar nicht von Menschen, die teilweise jahrzehntelang auf eine Weise am Reich Gottes gearbeitet haben, von der ich selbst mir gleich mehrere Scheiben abschneiden könnte.

Das macht die Angelegenheit so furchtbar traurig und belastend.

Aber es ist geschehen, und jetzt muss ich und müssen wir irgendwie damit umgehen.

Ich musste Menschen beim Namen nennen und sie kritisieren.

Sie der Lüge bezichtigen.

Öffentlich.

Aber aus Gründen der Belegbarkeit und der Notwendigkeit, einen repräsentativen Ausschnitt dessen aufzuzeigen, was in den vergangenen knapp vier Jahren passiert ist, war das unvermeidbar.

Viele weitere Informationen, darunter diverse persönliche, ebenfalls enorm bestürzende und schmerzhafte Erlebnisse, behalte ich für mich, weil sie nicht unbedingt in die Öffentlichkeit gehören.

Womit wir bei *Deinem* Fazit wären, lieber Leser.

Denn wenn Du dieses Buch aufmerksam verfolgt hast, müsstest Du jetzt einiges zu tun haben:

Du müsstest entscheiden, ob die Zahlen und Fakten zur Corona-Pandemie aus Deiner Sicht realistisch sind.

Falls Du diese Frage mit *Nein* beantworten solltest, wäre es hilfreich, *Belege* für Deine Einschätzung zu präsentieren.

Lautet die Antwort jedoch *Ja*, wäre als Nächstes zu überlegen, ob die durch das Corona-Virus verursachte Bedrohung geeignet war, etwas dagegen zu unternehmen.

Falls Du der Ansicht bist, dem sei nicht so gewesen, müsstest Du entweder erklären, ob und wie man der Bedrohung ohne Schutzmaßnahmen Herr hätte werden können.

Idealerweise erneut mit Belegen.

Oder Du müsstest erklären, dass und warum es aus Deiner Sicht keinen Sinn macht, ein paar Millionen Menschenleben zu retten, um Kollateralschäden wie wirtschaftliche Verwerfungen, Depressionen oder andere gesundheitliche Folgen zu verhindern.

Falls Du jedoch der Ansicht bist, dass tatsächlich etwas unternommen werden musste, musst Du entscheiden, ob das, was unternommen wurde, sinnvoll, gerechtfertigt und wirksam war.

Dabei kannst Du berücksichtigen, vor welchen Schwierigkeiten die Verantwortlichen gestanden haben.

Musst Du aber nicht.

Wenn Du es aber *nicht* tust, solltest Du begründet erklären können, wie man es anders hätte machen können, indem man gleichzeitig die unmittelbaren Opfer des Virus niedrig hält als auch die Kollateralschäden minimiert.

Wenn wir damit die Pandemie und ihr Ausmaß eingeordnet haben, wäre das Verhalten der Menschen, insbesondere der Christen, dazu zu klären.

Beginnen wir mit denen, die sich den Anordnungen der Obrigkeit gebeugt, sich an die Schutzmaßnahmen inklusive der Einschränkungen in den Gottesdiensten gehalten haben und sich überdies haben impfen lassen.

Hier musst Du also jetzt – idealerweise begründet anhand der Bibel – entscheiden, ob diese sich in irgendeiner Form falsch verhalten haben.

Und ob hier, wie von den Mitgliedern des ACCH bekanntlich jetzt gefordert, irgendein Grund vorliegt, sich zu entschuldigen und Buße zu tun.

Womit wir bei denjenigen wären, um die es sich diesem Buch stellvertretend für alle christlichen Corona-Leugner, –verharmloser, Maßnahmenkritiker, Widerständler und Impfskeptiker hauptsächlich dreht.

Hier müsstest Du als Erstes entscheiden, inwieweit deren Aussagen zur Pandemie selbst schlüssig sind.

Stichwort zwei Prozent Gegenexperten und 200 Länder.

An dieser Stelle könntest Du Dich auch ganz nebenbei mal fragen, was es wohl zu bedeuten hat, dass ausgerechnet Christen sich der vermeintlichen Expertise klarer Antisemiten bedienen, um ihr Narrativ zu verteidigen.

Dann müsstest Du entscheiden, ob die vom ACCH vertretenen theologischen Aspekte für sich allein betrachtet schlüssig sind.

Und nachfolgend, ob diese theologischen Einschätzungen auch im Hinblick auf die Pandemie schlüssig und zutreffend sind.

Meine Einschätzung zu allen genannten Punkten kennst Du.

Sie lautet Unendlich zu Null.

Womit wir beim womöglich entscheidenden Punkt der gesamten Auseinandersetzung wären.

Und zwar bei der Art und Weise, *wie* diese ausgetragen wurde.

Da gibt es zweierlei, einmal harte Fakten, einmal weiche Faktoren.

Beginnen wir mit Letzteren.

Hier müsstest Du überlegen, welchen Einfluss die Aussagen und Handlungen des ACCH und seiner Gesinnungsgenossen auf die gesamte Atmosphäre im Land und somit auf die Bereitschaft der Menschen gehabt haben, größtmögliche Rücksicht gegenüber ihres Nächsten zu üben.

Stichwort Lisa Kellermayr.

Und damit zum letzten, dem finalen Tiefpunkt.

Den harten Fakten.

Den Falschbehauptungen und Lügen.

Davon habe ich Dir in diesem Buch eine Menge präsentiert und belegt.

Diese musst Du zunächst einmal einordnen.

Da gab es mögliche Missverständnisse.

Mögliche versehentliche Weitergaben von Falschinformationen.

Möglicherweise nicht ausreichende Prüfung und Recherche.

Möglicherweise ungewollte missverständliche Formulierungen.

Das alles kannst Du jetzt entschuldigen.

Nach dem Motto, das kann passieren.

Und dann gab es noch die richtig krassen Dinger.

Von denen will ich nur drei der krassesten herausgreifen.

- *Erstens die Lügen zu den Masern von Matze Koch – inklusive seiner Reaktion, als er darauf aufmerksam gemacht wurde.*

- *Zweitens die dreiste Unterstellung Professor Ullrichs inklusive detaillierter Quellenangabe zu Lauterbachs Bemerkung zum Ausnahmezustand – die gar nichts mit dem eigentlichen Thema zu tun hatte.*

- *Drittens – für mich angesichts der möglichen Folgen das Schlimmste von allen – die Falschbehauptung von dem angeblich die Wahrheit so liebenden Eberhard Dahm bezüglich der angeblichen Zunahme der Fehlgeburten aufgrund der Impfung*

Und dann hätte ich – für den Fall, dass Du immer noch an meinen Ausführungen zweifelst oder Dich in irgendeiner Form gegen die daraus resultierenden Schlussfolgerungen wehrst – noch einen letzten Gedankenanstoß für Dich:

Und zwar stellen wir uns jetzt einmal *sehr* hypothetisch vor, es gäbe die beschriebene weltweite Verschwörung doch.

Corona wäre eine Erfindung der Mächtigen.

Oder es wäre tatsächlich total harmlos und nur aus irgendwelchen niederen Motiven gehyped worden.

Oder die Schutzmaßnahmen wären nur deshalb so ausgefallen, weil sich damit einige die Taschen vollgemacht haben.

Oder die Impfung hätte *doch* schon Abertausende getötet und alles würde vertuscht.

Oder sie *würde* noch Abertausende töten.

Irgendeine vage, theoretische Wahrscheinlichkeit mehrere Stellen hinter dem Komma könnte es dafür ja geben.

Aber was wäre denn, wenn eins dieser Science-Fiction-Szenarien tatsächlich zuträfe?

Zweierlei:

Erstens hätten die Corona-Leugner und Schwurbler das alles nicht wissen können, als sie ihre Aussagen abgesondert und ihre Entscheidung zum Widerstand getroffen haben.

Das heißt, ihre Aussagen und Entscheidungen waren zum jeweiligen Zeitpunkt im Sinne der Bibel und der Menschlichkeit schlicht und ergreifend falsch.

Zweitens, und das ist das alles Entscheidende:

Die Lügen bleiben!

Nichts von all den hier aufgedeckten, aber längst nicht vollständig aufgelisteten Falschbehauptungen, rhetorischen Spitzfindigkeiten und gnadenlosen Lügen kann man ungeschehen machen.

Die gibt es.

Und sie liegen offen auf dem Tisch.

An dieser Stelle musst Du jetzt einen dicken Strich zeichnen.

Und überlegen, was das beschriebene und aufgedeckte Verhalten insbesondere geistlicher Leiter im Licht der Bibel bedeutet und wie es zu bewerten ist.

Stichwort Sauerteig, Irrlehrer, Lästerer, Heuchler, Lügner, Hartherzige, Verstockte.

Insbesondere musst Du dabei berücksichtigen, wie vehement die Betreffenden *selbst* für sich in Anspruch nehmen, alles gründlich zu prüfen und der Wahrheit verpflichtet zu sein.

Wenn Du Deine Einordnung vollzogen hast, musst Du als Nächstes überlegen, wie mit diesem Thema und diesen Leuten umzugehen ist.

Und an dieser Stelle gebe ich Dir in diesem Kapitel den einzigen, den abschließenden Tipp:

Wenn Du angesichts dessen, was Du hier gelesen hast, mit Leuten wie denen vom ACCH oder ihren Gesinnungsgenossen weiterhin zusammenarbeitest, sie weiterhin auf christliche Kanzeln lässt, weiterhin gemeinsam mit ihnen das Abendmahl feierst, ohne von ihnen eine glasklare Umkehr zu fordern, hast Du für mich jegliche Glaubwürdigkeit verloren!

Einschub

Immerhin gibt es ja ein aktuelles Vorbild zu alldem – was bezeichnenderweise auch noch mit Antisemitismus zu tun hat.

Es wird also sehr interessant sein zu sehen, ob die Prediger gegen Corona sich jetzt endlich ein Beispiel an *Gil Ofarim nehmen*, der nach zwei Jahren schließlich seine geschmacklosen und brisanten Lügen eingestanden hat.

Das hat er vermutlich nur deshalb getan, weil er nach allen Regeln der Kunst überführt war.

Und genau das trifft auf die *Prediger gegen Corona* spätestens mit diesem Buch auch zu.

Denn ich schätze, niemand, der seinen Verstand noch einigermaßen beisammen hat, wird bestreiten können, dass sie in diesem Buch *restlos* überführt worden sind, ihnen die Maske vom Gesicht gerissen und das Fell ihres Narrativs über die Ohren gezogen worden ist.

Ich persönlich traue ihnen jedoch auch weiterhin nicht zu, endlich von ihrem üblen Weg abzulassen.

Das werden ihr Stolz und ihr Ego schon zu verhindern wissen.

Einschub Ende

Außerdem setzt Du Dich und Deine Gemeinde wie schon angedeutet einer weiteren, einer neuerlichen Gefahr aus.

Nämlich der, dass in dem derzeitigen Klima der Verklärung der vergangenen Jahre immer mehr Christen anfällig werden für die aggressive Propaganda der Leugner.

Und dass die Spaltungen in den Gemeinden dadurch noch größer werden, als sie es derzeit schon sind – wenn man es nicht durch die rosarote Brille betrachtet.

Und dass es deshalb bei den nächsten größeren Krisen von Anfang an zwei Lager in den Gemeinden geben wird, die in zwei unterschiedliche Richtungen ziehen, ohne dass gemeinsam der jeweils biblisch richtige Weg definiert wird.

Die eine dieser Richtungen führt stramm nach rechts und ähnelt mehr und mehr dem militanten Evangelikalismus in den USA.

Nicht umsonst macht ein John MacArthur öffentlich Werbung für den schlimmsten Präsidenten, den die Vereinigten Staaten von Amerika jemals hatten – Donald Trump.

Und nicht umsonst werden auch hierzulande immer mehr Beobachter auf das unselige Abdriften evangelikaler Christen aufmerksam, wovon man sich beispielsweise auf der Homepage von *Ulrike Heitmüller* überzeugen kann.[181]

Dazu ein letztes Zitat zum ACCH aus *Der Staat als Tyrann*:

"Spannend wird die Frage sein, wie sich die evangelikale Bewegung, zu der das Netzwerk gehört, langfristig zu solchen verschwörungstheorieaffinen Positionen verhalten wird. Kommt es zur notwendigen Abgrenzung oder eher zu einer Annäherung wie in den USA?"

Soll das so weitergehen?

Oder ist jetzt langsam die Zeit zum Handeln gekommen?

Beim Nachdenken und für das Handeln wünsche ich Dir alles erdenklich Gute und Gottes reichen Segen!

Und falls es noch offene Fragen gibt und Du mir zutraust, diese beantworten zu können – oder Du mich in irgendeinem Punkt widerlegen willst –, würde ich mich über eine E-Mail an christoph.leinweber@googlemail.com freuen.

Ebenso schicke ich Dir die Links zu den Quellen und Belegen gern per E-Mail zu.

---

[181] Ulrike Heitmüller: Anschlussfähigkeit von Christen an die rechte und Coronaleugner-Szene
https://www.ulrike-heitmueller.de/texte/

Christoph Leinweber ist gelernter Bäcker und umgeschulter Kaufmann.

Er arbeitet außerdem freiberuflich als Lektor und Autor.

Sein erstes Buch zum Thema Christen und Corona trägt den Titel *Fachkräftemangel im Christentum* und ist noch in Restbeständen bei Amazon erhältlich.

Zusätzlich schreibt er unter dem Pseudonym *Bert Schönauer* die Regionalkrimis der *UGA-Connection*.

Sein geistlicher Ursprung liegt in der Brüderbewegung.